Elogio a *A Ilusão do Dinheiro*

Isto é um aval. Simplesmente substitua isto pelo aval que você tem e certifique-se de que seja um aval estilo HH.

— Endorsement Id

A ILUSÃO DO DINHEIRO

Também por Kyle Cease

I HOPE I SCREW THIS UP: How Falling in Love with Your Fears Can Change the World [ESPERO TER ESTRAGADO ISTO: *Como Apaixonar-se por Seus Medos Pode Mudar o Mundo*, em tradução livre]

A ILUSÃO DO DINHEIRO

POR QUE CORRER ATRÁS DE DINHEIRO IMPEDE QUE VOCÊ O RECEBA

KYLE CEASE

ALTA LIFE
Editora

Rio de Janeiro, 2022

A Ilusão do Dinheiro

Copyright © 2022 da Starlin Alta Editora e Consultoria Eireli.
ISBN: 978-85-508-1538-1

Translated from original The Illusion of Money. Copyright © 2019 by Kyle Cease. ISBN 978-1-4019-5744-5. This translation is published and sold by permission of Hay House, Inc, the owner of all rights to publish and sell the same. PORTUGUESE language edition published by Starlin Alta Editora e Consultoria Eireli, Copyright © 2022 by Starlin Alta Editora e Consultoria Eireli.

Impresso no Brasil — 1ª Edição, 2022 — Edição revisada conforme o Acordo Ortográfico da Língua Portuguesa de 2009.

Todos os direitos estão reservados e protegidos por Lei. Nenhuma parte deste livro, sem autorização prévia por escrito da editora, poderá ser reproduzida ou transmitida. A violação dos Direitos Autorais é crime estabelecido na Lei nº 9.610/98 e com punição de acordo com o artigo 184 do Código Penal.

A editora não se responsabiliza pelo conteúdo da obra, formulada exclusivamente pelo(s) autor(es).

Marcas Registradas: Todos os termos mencionados e reconhecidos como Marca Registrada e/ou Comercial são de responsabilidade de seus proprietários. A editora informa não estar associada a nenhum produto e/ou fornecedor apresentado no livro.

Erratas e arquivos de apoio: No site da editora relatamos, com a devida correção, qualquer erro encontrado em nossos livros, bem como disponibilizamos arquivos de apoio se aplicáveis à obra em questão.

Acesse o site www.altabooks.com.br e procure pelo título do livro desejado para ter acesso às erratas, aos arquivos de apoio e/ou a outros conteúdos aplicáveis à obra.

Suporte Técnico: A obra é comercializada na forma em que está, sem direito a suporte técnico ou orientação pessoal/exclusiva ao leitor.

A editora não se responsabiliza pela manutenção, atualização e idioma dos sites referidos pelos autores nesta obra.

Dados Internacionais de Catalogação na Publicação (CIP) de acordo com ISBD

C387i   Cease, Kyle
     A ilusão do dinheiro: Por que correr atrás de dinheiro impede que você o receba / Kyle Cease ; traduzido por Patricia Chaves. – Rio de Janeiro : Alta Books, 2022.
     192 p. ; 16cm x 23cm.

     Tradução de: The Illusion Of Money
     ISBN: 978-85-508-1538-1

     1. Autoajuda. 2. Finanças. 3. Dinheiro. I. Chaves, Patricia. II. Título.

2022-993   CDD 158.1
                                CDU 159.947

Elaborado por Odilio Hilario Moreira Junior - CRB-8/9949

Índice para catálogo sistemático:
1. Autoajuda 158.1
2. Autoajuda 159.947

Produção Editorial
Editora Alta Books

Diretor Editorial
Anderson Vieira
anderson.vieira@altabooks.com.br

Editor
José Ruggeri
j.ruggeri@altabooks.com.br

Gerência Comercial
Claudio Lima
claudio@altabooks.com.br

Gerência Marketing
Andrea Guatiello
marketing@altabooks.com.br

Coordenação Comercial
Thiago Biaggi

Coordenação de Eventos
Viviane Paiva
comercial@altabooks.com.br

Coordenação ADM/Finc.
Solange Souza

Direitos Autorais
Raquel Porto
rights@altabooks.com.br

Produtor da Obra
Thiê Alves

Produtores Editoriais
Illysabelle Trajano
Larissa Lima
Maria de Lourdes Borges
Paulo Gomes
Thales Silva

Equipe Comercial
Adriana Baricelli
Daiana Costa
Fillipe Amorim
Heber Garcia
Kaique Luiz
Maira Conceição
Victor Hugo Morais

Equipe Editorial
Beatriz de Assis
Brenda Rodrigues
Caroline David
Gabriela Paiva
Henrique Waldez
Marcelli Ferreira
Mariana Portugal

Marketing Editorial
Jessica Nogueira
Livia Carvalho
Marcelo Santos
Pedro Guimarães
Thiago Brito

Atuaram na edição desta obra:

Tradução
Patricia Chaves

Copidesque
Alessandro Thomé

Revisão Gramatical
Caroline Suiter
Kamila Wozniak

Diagramação
Joyce Matos

Capa
Larissa Lima

Editora afiliada à: ASSOCIADO

Rua Viúva Cláudio, 291 – Bairro Industrial do Jacaré
CEP: 20.970-031 – Rio de Janeiro (RJ)
Tels.: (21) 3278-8069 / 3278-8419
www.altabooks.com.br — altabooks@altabooks.com.br
Ouvidoria: ouvidoria@altabooks.com.br

SOBRE O AUTOR

Vinte e cinco anos depois de alcançar o que acreditava ser seu sonho de ser um ator e comediante famoso, Kyle Cease de repente descobriu que a crença de que "Quando tal coisa acontecer eu serei feliz" é uma completa ilusão. Seguindo o chamado de seu coração, ele decidiu abandonar a carreira de stand-up em seu auge, e agora — como comediante transformacional e autor best-seller do *New York Times* —, no palco, ele leva ao público sua sabedoria única com seu show sucesso de bilheteria *Evolving Out Loud Live*, além de alcançar milhões de espectadores online.

Kyle Cease já teve mais de cem participações na televisão e no cinema, incluindo *10 Coisas que Eu Odeio em Você*, *Não É Mais um Besteirol Americano*, *Jimmy Kimmel Live!*, *The Late Late Show with Craig Ferguson*, *Chelsea Lately*, *The Martin Short Show*, *Comics Unleashed* e inúmeros shows no canal VH1. Kyle fez dois especiais para a Comedy Central e, em 2009, ganhou o primeiro lugar no Stand-up Showdown da Comedy Central.

Site: kylecease.com

SUMÁRIO

Sobre o Autor — vii

Introdução — xi

Capítulo 1: Bem-vindo à Ilusão — 1
Capítulo 2: Encontre Suas Próprias Respostas — 11
Capítulo 3: A Ilusão da Segurança — 21
Capítulo 4: A Ilusão de Estar sem Dinheiro — 31
Capítulo 5: Eu Amo Minha Conta Bancária Atual — 41
Capítulo 6: Aumentando Seu Valor — 51
Capítulo 7: As Helenas — 67
Capítulo 8: Os "10" — 79
Capítulo 9: Grau Médio de Alinhamento — 87
Capítulo 10: Guardando o Passado — 99
Capítulo 11: Apaixonando-se por Sua Expansão — 109
Capítulo 12: Tornando-se a Sua Intenção — 121
Capítulo 13: Doação — 133
Capítulo 14: Você Não Possui Nada e Possui Tudo — 145
Capítulo 15: Amor Incondicional — 155
Capítulo 16: Possibilidades Ilimitadas — 163
Capítulo 17: Saindo do Fundo do Poço — 171

INTRODUÇÃO

Eu fiz uma rápida pesquisa e descobri que apenas uma pequena porcentagem de pessoas lê a introdução de um livro, por isso sei que você é uma pessoa extremamente especial, de quem eu gosto mais do que daquelas que não leram esta parte. Estou brincando... Eu gosto de todo mundo, um pouco mais ou pouco menos de acordo com o tamanho do bigode. Mas, falando sério, imagino que alguém que leia a introdução de um livro seja também alguém que lê até o fim o livro que escolheu — então, tudo indica que passaremos um bom tempo juntos. Quero usar este tempo extra aqui para dividir com você algumas coisas adicionais sobre este livro que poderão ajudá-lo a aproveitar ainda mais o conteúdo.

Em primeiro lugar, estou extremamente empolgado por compartilhar este livro com você. Com a maior humildade possível, eu realmente acredito que, se você ler com a mente e o coração abertos, os conceitos aqui contidos poderão transformar por completo múltiplos aspectos de sua vida. Além de outros benefícios potenciais, minha esperança é a de que este livro revele a preocupação inconsciente com dinheiro que a sociedade programou em você e o ajude a se libertar disso. Você é um ser criativo infinito que passou a maior parte da vida vivendo nos confins de um mundo inconsciente — está na hora de descobrir como é a verdadeira liberdade.

Quero que você saiba que não o ajudarei a simplesmente se sentir melhor com relação ao dinheiro ou a criar uma liberdade financeira mostrando estratégias para ganhar mais dinheiro. Mais dinheiro provavelmente será um subproduto do que você descobrirá sobre si mesmo com esta leitura, mas não é o objetivo e nem o motivo por trás do livro. Você não apaga uma fogueira jogando gasolina. Não cura um vício oferecendo a uma pessoa a substância na qual ela está viciada. Para realmente nos movermos além de nosso apego mental ao dinheiro, precisamos ir até a raiz das coisas e trazer consciência para a ilusão que vive dentro de nós há décadas.

Este livro é sobre aumentar essa consciência. Consciência é tudo. É a consciência que permite a Stevie Wonder buscar uma música de sucesso em alguma dimensão invisível. É a consciência que faz com que Ellen DeGeneres transmita aquela vibração divertida que se conecta com o mundo. É a consciência que ajuda Elon Musk a ter ideias para fazer todas as coisas doidas que ele faz. Essas pessoas não são diferentes de você ou de mim; elas apenas têm uma consciência de possibilidades maiores e que lhes dá acesso a todos esses incríveis talentos. Quando nossa consciência é pequena, ficamos cegos para a inimaginável inspiração que está disponível para nós e focamos a batalha para sobreviver. Quando *aumentamos* nossa consciência, a magia da vida começa a aparecer e a abundância que está à nossa volta entra em foco. Falarei mais sobre isso no livro, mas o processo de aumentar a consciência pode ser empolgante e expansivo — e também pode ser desafiador às vezes, porque envolve abrir mão de crenças habituais familiares e antigas. Se você experimentar momentos de desconforto durante a leitura, saiba que são apenas dores de crescimento que levarão a uma versão mais engrandecida e livre de si mesmo. Claro que também pode ser indigestão.

Introdução

De modo geral, muitos de nós enxergam o dinheiro como uma coisa que, de algum modo, é necessário controlar ou conquistar — mas quero lhe oferecer a oportunidade de começar a olhar para seu relacionamento com o dinheiro do mesmo modo como você olha para seu relacionamento com uma pessoa. Se você se relaciona com alguém que é extremamente carente, controlador, temeroso, ansioso, inadequado ou possessivo, essa pessoa provavelmente passará a deixar de ser atraente para você, e você começará a evitá-la. Se você se relaciona com alguém confiante, descontraído, brincalhão, entusiasmado e generoso, você provavelmente se sentirá mais atraído por essa pessoa e terá vontade de passar mais tempo com ela. Então, se você se sente carente, controlador, temeroso, ansioso, inadequado ou possessivo, é provável que o dinheiro evite você ainda mais. Se você se sente grato quando o dinheiro chega, confiante em sua capacidade de criar abundância e generoso com o dinheiro que você tem, é provável que o dinheiro passe a querer estar perto de você.

Neste livro, você terá incontáveis oportunidades de olhar para o dinheiro de um modo diferente e descobrir como os problemas que temos com ele muitas vezes refletem coisas dentro de nós que estão mal resolvidas ou que não foram completamente aceitas. Quase todas as pessoas do mundo têm a prática de correr atrás de dinheiro para usá-lo como um remédio para a dor e a insegurança que sentem. Este livro é sobre desfazer a ilusão de que o dinheiro consertará sua vida. Não é dinheiro o que realmente queremos. O que queremos é liberdade, alegria, criatividade, amor, conexão, comunhão, energia, saúde, contribuição, paz. Por mais que você acumule dinheiro, ele não lhe trará nada disso por si só. A verdade é que você não precisa de dinheiro para criar qualquer uma dessas coisas. Ao longo do processo de leitura deste livro, você aprenderá como cultivar a experiência de todas essas coisas positivas com ou sem dinheiro. (Ah, e assim que você tiver todas essas coisas e não se preocupar mais com dinheiro, ele provavelmente aparecerá de todos os lados. Mas não deixe seu ego saber disso, porque ele começará a tentar criar todas essas coisas incríveis só para conseguir dinheiro, o que também não funciona.)

Toda minha vida e minha carreira giram em torno de descobrir como ouvir meu chamado interior, em vez das circunstâncias ou das pessoas à minha volta. Sou felizardo por ter vivido de acordo com os princípios deste livro e descoberto uma vida incrivelmente abundante — tanto interna quanto externamente. O que oferecerei aqui são os princípios e as ideias que minha equipe e eu usamos para criar um negócio centrado no coração e que se duplica continuamente a cada ano, em receita, alcance e impacto. Pegue aquilo que for ressonante para você e deixe o que não for. O que compartilharei são conceitos que descobri por meio de minhas experiências pessoais diretas que me transportaram para um mundo de mais resultados e, ao mesmo tempo, de mais lazer, mais liberdade, mais bem-estar e mais satisfação. Isso não é algo que eu tenha lido em um livro ou em outro lugar. Esta é a minha vida.

Muito bem, então aqui está você. Você apareceu e deu o primeiro passo em direção a descobrir uma vida além do dinheiro e um modo de ser que acessa sua plena abundância a cada momento. Eu sei que, à medida que mais pessoas começarem a deixar para trás as crenças condicionadas e a se conectar com elas mesmas em um nível mais profundo, ajudaremos a fazer deste planeta um lugar melhor para nós e para nossos filhos. É uma honra para mim que você esteja aqui, e uma honra fazer este trabalho com você.

E pronto, aqui termina o livro — o resto é só bibliografia.

Brincadeira, tem muito mais coisa. Vamos lá...

CAPÍTULO 1

BEM-VINDO À ILUSÃO

Imagine se Michael Jordan, no auge de sua lendária carreira no basquete, de repente tivesse amnésia e se esquecesse completamente de quem era. Depois de recuperar a consciência, ele precisa arrumar um emprego, vê-se envolvido em um relacionamento medíocre, começa a assistir à TV o tempo todo e se acostuma a viver uma vida comum e insatisfatória. Nessa realidade alternativa (com várias falhas óbvias na trama), ele está agora andando por aí, achando que é um sujeito comum e tentando encontrar uma maneira de sobreviver enquanto se sente cada vez mais infeliz com a vida.

Se você o conhecesse, provavelmente ficaria empenhado em tentar ajudá-lo a se lembrar de que é um dos maiores jogadores de basquete que já existiram. Você faria o que estivesse ao seu alcance para levá-lo até a quadra, para que ele compreendesse como ele é incrível. Mas imagine que ele teime em acreditar e afirmar que é apenas um cara comum — tentando explicar para você que tem contas para pagar e que não pode passar o tempo perseguindo um sonho de jogar basquete o dia todo.

Você enlouqueceria ouvindo-o reclamar de como as coisas estão difíceis, porque você sabe das centenas de milhões de dólares e da total realização das quais ele não tem consciência porque não confia que tem um imenso talento e não compreende seu valor para o mundo. Toda vez que você vai ao Applebee's, onde ele agora trabalha, tenta convencê-lo a largar o emprego e fazer aquilo que tão bem sabe fazer, mas ele lhe lembrará de que, se continuar lá por mais uns dois anos, será promovido a gerente — e que ele precisa desse tipo de segurança na vida.

Então você fica ali sentado, tentando fazê-lo entender quem ele de fato é, pois ele não tem a menor ideia e está defendendo veementemente essa nova e insignificante vida, porque, de sua perspectiva limitada, não consegue enxergar o que está além.

É assim que vejo a maioria das pessoas. Não importa quem sejam, elas parecem ter amnésia sobre quem realmente são. Eu posso não conhecer você pessoalmente, portanto, não conheço sua história ou o que você faz para ganhar a vida. Mas de uma coisa eu sei: você é um gênio brilhante e criativo. Eu não preciso saber de nada a seu respeito para saber disso. Não estou tentando fazer você se sentir mais confiante ou especial, nada disso — é um fato. E não queira discutir comigo sobre isso — primeiro porque isto é um livro e não estou na sua frente, portanto, você ficaria argumentando com um livro. E mais importante que isso, porque é a verdade. Qualquer vozinha na sua cabeça que lhe diga o contrário será uma mentira que você ouviu a vida inteira e que fez você se esquecer de quem realmente é.

Depois de trabalhar com milhares de pessoas no mundo inteiro, aprendi que cada indivíduo tem dentro de si exatamente o mesmo grau único de brilhantismo, o que acontece é que nem todos acessam seu potencial total. O quanto nós acessamos do nosso brilhantismo depende apenas de quão apegados estamos à história limitada que nos separa dele. Se você conseguir encontrar um meio, mesmo que só por um segundo, de se desvencilhar de sua história limitada que está lhe dizendo que você não é um gênio… BOOOM — sua genialidade aflorará instantaneamente.

Portanto, cada um de nós é apegado a uma ideia sobre nós mesmos que é apenas uma pequena fração daquilo que realmente podemos nos tornar. Deixar de lado essa ideia não significa que todos seremos capazes de realizar uma cesta enterrada da linha de lance livre como Jordan, mas significa que cada um de nós tem um dom único e que está aguardando para surgir de maneira igualmente intensa. No entanto, enquanto vivemos em nossa amnésia e acreditamos em nossa pequena história, passamos a vida nos estressando por coisas que seriam completamente resolvidas se entrássemos na magia daquilo que realmente somos.

O motivo pelo qual este livro se chama *A Ilusão do Dinheiro* é porque o dinheiro é uma das *maiores* desculpas que damos a nós mesmos para justificar por que não conseguimos seguir nossa vocação maior e nem nos tornar aquilo que, de fato, estamos destinados a nos tornar. Se você quer ser escritor, pintor, empreendedor ou qualquer outra coisa, mas passa todo seu tempo trabalhando em algo de que você não gosta só porque precisa pagar as contas, isso é usar o dinheiro como desculpa para desqualificar todos os seus ilimitados talentos e criatividade. Se você quer viajar o mundo inteiro, mas não o faz porque acha que não tem dinheiro, isso é usar o dinheiro como desculpa para não se conectar às infinitas possibilidades e à sincronicidade que se tornam disponíveis quando você dá o primeiro passo. Eu entendo que há detalhes sobre esses tipos de situações nos quais você pode estar pensando como exemplos de por que essas coisas podem não dar certo — se algum argumento assim surgiu em sua mente, compreenda que é a parte limitada de seu pensamento que está argumentando. Se você parar de argumentar em favor de suas limitações, começará a perceber que tudo isso é possível, em vez de achar que é impossível. Existem milhões de maneiras diferentes pelas quais deixamos que nossas limitações ilusórias em torno de dinheiro nos impeçam de perseguir nossas ideias e sonhos entusiasmados — e isso está nos custando nossa vida.

Depois de 25 anos de sucesso como comediante, ator, palestrante transformacional, escritor e jogador amador da liga júnior de boliche, tive muitas e muitas vezes a experiência de que correr atrás de dinheiro não é um modo eficaz para criar uma vida próspera e gratificante. Durante anos, aceitei fazer apresentações porque o retorno financeiro era atraente, e depois me via completamente exausto, porque aquilo não se alinhava com meu objetivo maior. Um dos momentos em que me senti mais vivo foi quando abandonei a carreira de comediante no auge para me tornar palestrante transformacional, a fim de poder compartilhar com o mundo esse meu lado mais profundo. Troquei a garantia de robustas quantias de dinheiro, e da tal "segurança", pelo desconhecido. Foi assustador — mas o que estava do outro lado desse medo era uma vida completamente diferente, que não só é financeiramente mais abundante, como também proporciona mais liberdade, mais tranquilidade, mais paixão, mais impacto e mais alegria.

Não estou escrevendo este livro porque esteja tentando vender esta ideia a você, leitor; estou escrevendo porque, de fato, tive a experiência do que acontece quando você se liberta de uma vida inteira de apego ao dinheiro e às conquistas — e ingressa em uma vida de verdadeiro alinhamento com sua essência, dando atenção ao que quer que seja que faça seu coração palpitar. E isso não tem nada a ver com dinheiro. A vida não está nem aí com quanto dinheiro você tem na sua conta bancária. Ela quer crescer, aprender, conectar-se, amar, criar e se divertir.

Este livro é um convite para você abrir mão dessa parte sua que está tentando obter resultados e sentindo que não vale a pena. Você não precisa de resultados; você *é* o resultado. O universo inteiro teve de existir e evoluir por bilhões de anos para que você estivesse aqui neste momento. Você é a razão de tudo — não há nada que você precise provar para si mesmo. Eu sei que muitos livros sobre dinheiro são *apenas* sobre os resultados. Sei que pode parecer um retrocesso sugerir que você não precisa perseguir resultados para experimentar abundância, mas e se perseguir resultados for justamente o que nos impede de experimentar a verdadeira abundância? E se começarmos a compreender que a crença de que precisamos de um resultado específico é apenas um remanescente de um velho paradigma que considera que os resultados são mais importantes que nós mesmos? Os resultados não são a magia; *nós* é que somos a magia. Somos a fonte de todo resultado que acontece em nossa vida, por isso podemos parar de nos apaixonar pelos resultados e começar a nos apaixonar por *nós mesmos*.

Coisa boa, não? Deixar de lado por um segundo toda aquela necessidade de alcançar algo e compreender que você está aqui, que você conseguiu. Não precisa de mais nada. Tudo além da sua existência é apenas um bônus. A vida é um parque de diversões.

Pare por um segundo, feche os olhos e sinta a parte de você que é feliz simplesmente por estar vivo.

Se você realmente fez isso agora, em vez de apenas continuar lendo, como a maioria das pessoas, você talvez tenha se sentido mais conectado com seu corpo e com todo o seu ser, conforme relaxava um pouquinho (e por isso agora é a grande oportunidade de voltar e fazer esse exercício, em vez de ignorar). Parece que 99% de nossa energia criativa é gasta na tentativa de manter essa ilusão de limitação e inadequação — no momento em que paramos de tentar segurar a onda, desbloqueamos uma dimensão inteiramente nova de capacidades e liberdade.

É por isso que acho a expressão "tentar segurar a onda" tão fascinante. Que onda estamos tentando segurar? Se você tem de tentar segurar alguma onda, provavelmente é porque aquilo não deveria estar acontecendo. Talvez aquilo que você está tentando segurar seja um jeito ultrapassado de ser, que já não se encaixa mais. Talvez suas limitações e seus sentimentos de inadequação estejam finalmente sendo superados. Talvez você possa se desvencilhar de tudo isso e permitir que um novo "você" se apresente. Um arquiteto não pode construir um hotel novinho em folha em cima de outro antigo que já estava ali — ele tem de demolir o velho, limpar a área toda e então preparar o terreno para um novo. E se tudo o que você precisa fazer é deixar a armadura cair e se dar o espaço para descobrir o valor e a liberdade que você realmente tem? Nesse espaço, novas circunstâncias, alinhadas e organizadas, começarão a surgir na sua vida, porque elas não estão mais sendo bloqueadas por uma ilusão mental de sua própria limitação.

Embora essa consciência de possibilidades ilimitadas na vida esteja o tempo inteiro disponível, quase todo mundo passa a maior parte do tempo com aquele padrão de pensamento antigo, fechado, preso naquele emaranhado mental, com uma história limitada que o impede de verdadeiramente conectar-se consigo mesmo e com a abundância que está ao seu alcance.

Por exemplo, pense em quanto tempo por dia você passa pensando nas coisas que não consegue controlar — como algo que um político disse, algo que alguém falou sobre você, alguma coisa que você precisa fazer mais tarde, o que seus pais pensam sobre você, o que um determinado time esportivo fez, o que acontecerá no futuro ou aconteceu no passado. Qual a porcentagem de tempo de cada dia em que sua mente fica consumida por algo que, na verdade, você não tem como controlar? Sério, pare um pouco e pense a respeito. Qual seria sua resposta? Cinquenta por cento do dia? Setenta e cinco? Noventa? Sinta-se à vontade para usar frações, se for o caso. Você também pode tentar o sistema métrico se quiser descobrir quantos centímetros por dia você se preocupa com coisas que não estão no seu controle.

Quando você finalmente deixa de lado essas coisas que não pode controlar e se permite não se consumir com preocupações sem sentido, para o que você acha que abrirá espaço? O que você acha que tem do outro lado? O que seria possível? Se você passasse um ano livre desse envolvimento com distrações mentais temporárias, o que acha que aconteceria?

É aí que seu Michael Jordan... ou Oprah Winfrey, ou Gandhi, ou Steve Jobs, ou Elvis aparece. Garanto a você que todas as pessoas que consideramos fenomenais, em seus momentos de maior criatividade, estavam focadas unicamente em sua conexão consigo mesmas e com o momento, e não estavam alimentando uma história de inadequação ou de dúvida sobre o que é possível.

Então, na verdade este livro não é sobre dinheiro; é sobre conectar-se àquela incrível versão de si mesmo que está aqui para mudar o planeta. Isso não significa que você precise ser um atleta famoso, ou um empresário, ou uma personalidade da TV — o chamado maior para você pode ser relaxar e viver em um estilo simples, modesto, que permita que sua presença tenha um impacto poderoso em cada pessoa com quem você tenha contato. De qualquer modo, neste ponto de conexão consigo mesmo, você descobrirá quão poderosamente a vida está esperando para criar algo por seu intermédio assim que você estiver disposto a abrir mão de sua constante compulsão de consertar uma história que já sabe que está partida. Nosso interminável desejo por dinheiro (ou medo de dinheiro) é geralmente, na verdade, um desejo de se sentir seguro ou de ser visto pelo mundo. Este livro é sobre eliminar a necessidade de buscar segurança por meio da ilusão do dinheiro e aprender a enxergar a nós mesmos pela perfeição que somos, começando a trazer nosso poder criativo para o mundo de uma maneira autêntica e nos permitindo receber, como consequência, uma abundância massiva e verdadeira em todas as áreas.

Você descobrirá que, do outro lado dessa ilusão mental do dinheiro, existe um poderoso sistema de orientação que precisa apenas que você saia da frente do seu próprio caminho. Você tem infinitas vocações, próximos passos, ideias e muito mais esperando por você — e sua função é estar receptivo a essa orientação. Sua tarefa é cocriar com o momento... e quando você fizer isso, impactará as pessoas em uma escala muito maior. Ironicamente, nesse espaço, você poderá descobrir que o dinheiro vem muito mais rápido. O que você precisa fazer é manter-se conectado à fonte interior desses resultados, mais do que aos resultados propriamente ditos. Quanto mais você deixar de se fixar na ideia de dinheiro, mais rápido ele virá.

Eu sei que quando uma pessoa lê um livro, ela quer saber o que esperar dele. Sei que você está dedicando seu tempo a ler este, e fico honrado por isso, portanto, prometo fazer valer a pena — entretanto, quero oferecer a você agora mesmo a oportunidade de se libertar da necessidade de que suas expectativas em relação a este livro sejam atendidas. Se este livro atendesse às suas expectativas, ele não levaria você além de onde você já está. Meu objetivo com este livro é dar a você uma perspectiva de si mesmo e mostrar a magia de uma maneira que você nunca viu antes. E isso não seria possível se suas expectativas do que o livro deve ser estiverem bloqueando novas informações e impedindo que sejam assimiladas. Em vez de criar uma expectativa mental do que você obterá do livro, tente ficar confortável com o fato de que você não tem ideia do que aprenderá com ele. Se você não tiver expectativas, sua mente ficará aberta para que algo completamente inesperado aconteça. Minha sugestão é: liberte-se de suas expectativas e abra o coração. Aquele seu lado que tem expectativas terá dificuldade para entender este livro, mas se libertando desse lado limitado que está tentando entender o que esperar, você se conectará com algo mais profundo que o levará a uma dimensão inteiramente nova dentro de você mesmo.

Este livro é sobre aprender como se alinhar com sua alma. É sobre remover da sua vida tudo aquilo que não ajuda ou inspira o seu lado mais elevado. É sobre dar ouvidos àqueles pequenos chamados que lhe dizem coisas como "Saia dessa empresa!" ou "Mude-se para a Itália!" e descobrir que, ao responder a esses chamados, você entra em alinhamento com todo o seu ser e começa a funcionar em um paradigma mais elevado, no qual há ideias mais rápidas e mais fáceis para você.

Este livro é sobre viver plenamente. É sobre transcender antigas crenças que dizem que as coisas têm de ser de determinada maneira. É sobre receber infinitas e abundantes ideias e aprender a agir no instante em que sente isso. É sobre dar saltos enormes sem ter todas as respostas e descobrir que aqueles chamados são seu verdadeiro sistema de orientação, que está esperando pacientemente que você largue o celular e preste atenção.

Esse espaço de possibilidades está aguardando que nós cocriemos com ele. Ele quer avançar de um modo muito mais vertical do que linear. Ele quer tornar cada dia exponencialmente melhor do que o dia anterior. Ele quer mudar os canais. Ele quer mudar paradigmas. Ele quer destruir sua pequena e antiga história. Ele quer oferecer o mundo a você. Mas primeiro ele precisa que você se divorcie de sua habitual obsessão por dinheiro, aprendida ao longo da vida.

Quando você fizer isso, poderá ter tudo.

CAPÍTULO 2

ENCONTRE SUAS PRÓPRIAS RESPOSTAS

Este livro não é sobre ler passivamente a parte do conteúdo que faz sentido para você ou que o faz se sentir mais confortável. Trata-se de efetivamente tomar uma atitude e mudar para um lugar *além* do dinheiro, onde você possa explorar seus níveis geniais de criatividade e valor, aqueles que mudam o mundo. Para nos libertarmos do apego social ao dinheiro e começarmos a mudar para um lugar de criatividade e contribuição reais, precisamos reconectar completamente nosso sistema nervoso e nos separar do hábito, aprendido ao longo da vida, de buscar resultados externos. Isso não acontecerá enquanto você simplesmente lê este livro tomando chá. É algo que requererá um paciente trabalho de perfuração até um novo nível de profundidade dentro de si mesmo, de tal modo que você perceba que *tem as respostas* enquanto toma chá. O chá não é importante. Você pode beber chá ou não. A questão é que eu não quero que você dependa deste livro ou presuma que posso fazer o trabalho por você. Isso seria o mesmo que supor que eu poderia escrever um livro descrevendo como fazer exercícios físicos e que fosse possível você emagrecer simplesmente lendo o livro. Se fosse assim, eu já teria escrito esse livro e ficaria escutando o áudio e comendo burritos no café da manhã. O que estou dizendo é que é você quem precisa, efetivamente, tomar a atitude.

Faça os exercícios. Jogue-se, deixe que estas informações penetrem nas células de seu corpo, e não que apenas fiquem presas em sua mente. Nada do que eu disser terá efeito enquanto não entrar de fato em seu sistema nervoso por meio de suas atitudes. Este livro é apenas um ponto de partida. É uma plataforma de lançamento para você se dar conta de que há dentro de você um milhão de livros com conteúdo incrível e insights esperando para serem descobertos — mas é você quem tem de descobri-los.

Estou desafiando você a descobrir essa parte sua. Desafio você a transcender as ilusões que o levam a acreditar que o dinheiro lhe proporcionará liberdade, que as circunstâncias controlam sua felicidade, ou que as opiniões de outras pessoas sobre você têm a ver com quem ou com o que você é. Desafio você a encontrar suas próprias respostas. Desafio você a ir além das palavras deste livro e conectar-se com a sabedoria que há dentro de si e que sabe que você está além de todos os pensamentos limitantes e estressantes que fazem com que tenha medo de não ter ou não ser o suficiente.

Há uma missão que me impulsiona, não a convencer as pessoas a acreditar no que eu acredito, mas a encorajá-las a tomar uma atitude e descobrir por si mesmas qual é o próximo passo. Quero que *você se conecte consigo mesmo*. Só estou aqui para oferecer minhas experiências e insights na esperança de que possam ser um catalisador para que você dê o próximo passo no sentido de trazer à tona aquilo que você já é.

Um insight é algo que você tem *internamente* (por isso se chama "in-sight" — "visão de dentro"). É uma percepção que acontece dentro de você, quando sua consciência vai além de onde estava antes. Não há nada que eu possa escrever aqui que seja um insight para você — pode ser um insight para mim, porque saiu de dentro de mim, mas para você é informação externa. Só estou aqui para ajudar a lhe inspirar a olhar para dentro e guiar-se em direção aos *seus próprios* insights, que podem criar uma real expansão em seu interior.

Todas as coisas que seu sistema nervoso conhece são baseadas em experiências. Todos os hábitos, padrões e peculiaridades que estão contidos dentro de seu corpo e de sua mente vieram de experiências que você teve e que criaram um impacto emocional interno em você. Normalmente, apenas ler não é uma experiência suficiente para mudar paradigmas e padrões que se consolidaram ao longo de anos de reforço experimental. Desafio você a ir além da leitura conforme lê este livro. Desafio você a aceitar o que estou dizendo e verdadeiramente experimentar por si mesmo. Leia de tal forma que o faça sentir, mais do que pensar. Vá além da mente e permita que isto se torne uma experiência que realmente se transforme em algo real.

Portanto, para iniciar o processo, a primeira coisa que quero convidar você a fazer é pensar um pouco sobre como se sente neste momento com relação ao dinheiro, em seu corpo e em seu sistema nervoso. Existem várias maneiras diferentes pelas quais o dinheiro nos controla e que talvez não tenhamos percebido. Por exemplo, se você permanece em um emprego que não lhe agrada, provavelmente é por causa do dinheiro — você declara para si mesmo que o dinheiro é mais importante do que o desejo de seu coração. Ou se você tem uma paixão, algo que adoraria fazer, mas não foi atrás porque acha que não ganhará o suficiente para pagar as contas, essa é outra maneira pela qual o dinheiro pode estar influenciando suas decisões e se sobrepondo ao seu coração. Então pergunte a si mesmo até que ponto o dinheiro lhe influencia. Você toma decisões mais por medo de perder dinheiro do que pelo desejo de perseguir um sonho? Permite que o dinheiro controle suas emoções? O dinheiro faz com que você permaneça em situações que não são satisfatórias?

Em uma escala de 1 a 10, com 1 significando que você é completamente influenciado e estressado por dinheiro, e 10, que você é completamente desapegado do dinheiro e acessa um verdadeiro senso de abundância interior a cada momento, em que grau você é apegado e controlado pelo dinheiro?

Faça uma avaliação sincera de si mesmo para que possa entender em que ponto você se encontra neste exato momento. Não se trata de julgar a si mesmo, nem de se sentir mal por ser apegado ao dinheiro; trata-se de tomar consciência de um modo de ser para o qual quase todos nós fomos inconscientemente treinados. Sem julgamento ou remorso, veja se consegue identificar áreas nas quais você talvez não tenha notado que se permite ser controlado pelo dinheiro, ou em que suas emoções são controladas por ele. Mesmo que você se considere desapegado de dinheiro ou não pense em dinheiro o tempo todo, pense nas maneiras sutis pelas quais o dinheiro influencia suas emoções. Pergunte a si mesmo como você se sente quando perde dinheiro, como quando toma uma multa ou perde um cliente ou um trabalho. Como você se sente quando ganha dinheiro, como quando recebe um aumento ou um bônus inesperado? Se alguma dessas experiências criou em você uma reação emocional no passado, então compreenda que você pode ter algum grau de apego ao dinheiro.

Então dê a si mesmo uma nota, agora mesmo, em uma escala de 1 a 10 — em que grau o dinheiro controla suas ações e emoções? Pode escrever aqui no livro, se quiser, para não esquecer: _____. Só não escreva se você estiver lendo o livro em um iPad ou Kindle, ou algo do tipo; você pode arruinar o aparelho, o que seria uma maneira cara e estranha de começar a ler um livro sobre abundância.

Pois bem, seja qual for a nota que você se deu, ela representa o grau em que você vive na ilusão do dinheiro. O que faremos ao longo dos próximos capítulos é um trabalho para mudar esse número, sair da ilusão para um estado em que você seja muito mais motivado pelo chamado da alma, ou do coração, do que pela crença viciosa de que o dinheiro está no comando.

Todo esse apego ao dinheiro e a resultados externos começará a desaparecer quando passarmos a ter como objetivo alguma coisa que tenha para nosso sistema nervoso um apelo maior do que o dinheiro. Em outras palavras, não conseguiremos nos desapegar do dinheiro olhando para o dinheiro; temos de substitui-lo por alguma coisa que seja maior e mais verdadeira para nós. Quantas vezes você pensou que, se tivesse mais dinheiro, ou se estivesse em uma circunstância diferente, ou tivesse um emprego diferente, você seria mais feliz? E quantas vezes essas circunstâncias de fato mudaram, mas você, ainda assim, continuou procurando algo mais? Temos de descobrir a verdadeira experiência da abundância dentro de nós, em vez de procurá-la externamente — ou ficaremos procurando para sempre.

Muitos anos atrás, tive a honra de figurar em alguns filmes no cinema. Um deles foi *10 Coisas que Eu Odeio em Você*, lançado em 1999. Lembro-me de fazer o teste para o papel de Bogey Lowenstein e de ficar empolgadíssimo, e de após o teste pensar "Meu Deus, se ao menos eu tivesse um *callback*", que é quando eles te chamam para um segundo teste. E então eu tive o *callback* e imediatamente pensei: "Se eu conseguisse fazer um teste para os produtores, aí sim, seria ótimo. Poderia provar para mim mesmo que realmente tenho talento." E então consegui fazer um teste para os produtores, e pensei: "Se eu conseguir o papel, aí sim, será uma vitória." Acabei conseguindo o papel e participando das filmagens. Depois o filme levou nove meses para ser editado, e durante esse tempo meu principal pensamento era: "Espero que minhas cenas não sejam cortadas do filme." Então o filme foi lançado, e felizmente minhas cenas estavam lá. Mas no final do dia, comecei a pensar se o filme seria um sucesso ou não. O filme *foi* um sucesso, e imediatamente comecei a pensar sobre o próximo papel que eu queria conseguir.

Era quase como se, quanto mais eu tinha, mais eu sentisse falta de alguma coisa. Ao mesmo tempo em que eu estava realizando coisas com as quais tinha sonhado minha vida inteira, eu me sentia infeliz acreditando que essas coisas me completariam e me preocupava em perdê-las. Eu estava tão apegado ao que estava buscando, que meu valor próprio estava completamente atrelado àquilo. Eu estava me movendo de fora para dentro, em vez do contrário, de dentro para fora. Estava permitindo que circunstâncias externas determinassem meu estado interior, em vez de descobrir o que eu verdadeiramente sou e oferecer isso para o mundo.

Desde então, descobri que existe uma consciência para a qual podemos nos deslocar, de que *nós* somos a fonte de tudo o que estamos procurando no dinheiro, ou em uma conquista, ou em um emprego, ou relacionamento — ou em qualquer coisa no mundo exterior que acreditamos que de alguma forma nos completará. Quando estamos buscando alguma coisa, não estamos exatamente buscando a coisa em si; estamos buscando a experiência e o sentimento que acreditamos que aquilo nos proporcionará.

E se você descobrisse que, na realidade, você é a verdadeira fonte dessas experiências e sentimentos que você procura externamente? Essas coisas externas são apenas meios de você se permitir experimentar os sentimentos que *já estão dentro de você*. Isso é algo importante a ser compreendido. Por exemplo, se você acabasse de descobrir que ganhou na loteria, imediatamente experimentaria todos aqueles incríveis sentimentos de euforia, liberdade e abundância. Nada mudou de fato, ainda; o dinheiro ainda não foi transferido — você ainda não tem um mordomo chamado Albert que fala com sotaque britânico, mesmo não tendo nascido na Inglaterra — tudo que você tem é uma desculpa mental para poder experimentar todas essas sensações. Ganhar na loteria é apenas sua desculpa para se permitir acessar esses sentimentos que estavam dentro de você o tempo todo. Se alguém lhe dissesse que foi só uma brincadeira e que, afinal, você não ganhou na loteria, todos esses sentimentos desapareceriam imediatamente. Esses sentimentos são possibilidades que estão dentro de você o tempo inteiro e são totalmente controlados pela sua percepção e por aquilo em que você escolhe acreditar. Isso significa que você pode se permitir experimentar todas essas sensações incríveis agora mesmo, simplesmente mudando a percepção que você tem da sua situação — você não precisa da desculpa externa.

Não estou dizendo para você viver fazendo de conta que ganhou na loteria, mas vamos explorar maneiras legítimas e tangíveis de como você pode mudar sua percepção e aumentar a consciência de quão rico você realmente é. Então, a verdade é que você pode se sentir abundante neste exato instante, mesmo que esteja falido. Você pode sentir amor neste exato momento, mesmo que não esteja em um relacionamento. A vibração do amor e da abundância e da realização existe o tempo todo. Neste livro, à medida que formos desfazendo nossos apegos mentais a circunstâncias externas como fontes de realização, aquelas emoções positivas que procuramos externamente começarão a aparecer naturalmente, por si só, porque provaremos para nós mesmos que somos abundância, somos amor, somos liberdade, somos realização — e a necessidade de buscar tudo isso fora de nós começará a desaparecer.

Quando começarmos a compreender que somos *a fonte* do que estamos buscando, em vez de achar que *nos falta* o que estamos buscando, a vida começará a trazer todas essas coisas de volta para nós. Conforme você se alinha internamente com a vibração de abundância e liberdade, a vida começa a espelhar essa vibração. Essa é uma das principais soluções para criar uma vida abundante. Enquanto eu escrevia meu primeiro livro, *I Hope I Screw This Up* [Espero Ter Estragado Isto, em tradução livre], uma coisa que descobri por conta própria foi que não é "Quando alguma coisa acontecer, serei feliz". É "Quando eu estiver feliz, as coisas acontecerão".

Apesar de nossa sociedade querer que acreditemos que precisamos de alguma coisa de fora de nós para sermos felizes, o mundo está começando a acordar para o fato de que somos a fonte de nossa felicidade, de nossa alegria, de nossa animação, de nossa criatividade, de nossa satisfação, de nossa liberdade. Temos de começar a nos deslocar *desses* pontos dentro de nós, em vez de *buscar* no mundo as coisas que achamos que nos trarão esses sentimentos e essas experiências. Quando você sai *de* sua liberdade, você cria uma vida de liberdade. Quando você sai *de* sua empolgação, a vida se torna excitante. Quando você sai *de* sua alegria, a vida fica alegre. Nada precisa acontecer fora de você para que essas experiências ocorram dentro de você. Você pode estar na cadeia e, ainda assim, experimentar liberdade interior. Repito: não se trata de enganar a nós mesmos, convencendo-nos a sentir algo que não é real; trata-se de dissolver a ilusão que nos leva a acreditar que ainda não estamos conectados a tudo isso.

Portanto, este livro ajudará a apresentar seu corpo e seu sistema nervoso à experiência interior de sentir-se conectado a toda a liberdade e abundância que você é. Só que não é como apertar um botão e pronto. Existe algo entre você e essa conexão, e esse algo é uma vida inteira de crenças estagnadas e baseadas no medo, que estão constantemente tentando salvar você dos medos que *ela* criou. O processo de mudar para a experiência do que você realmente é pode ser doloroso. Esse é o processo da verdadeira transformação. Pode até haver momentos, enquanto escrevo aqui, em que chegarei aos limites daquilo que sei ser verdadeiro, e experimentarei certo sofrimento conforme me liberto de uma crença antiga para abrir espaço para que algo maior se revele.

Existem coisas das quais você pode precisar se libertar, coisas que estão te mantendo vinculado à sua velha história. Há crenças das quais você talvez precise abrir mão. Há hábitos e vícios que podem estar sustentando um jeito antigo de ser que precisa ser extinto. Nenhuma dessas coisas é você. Essas coisas estão encobrindo o que você realmente é e bloqueando seu acesso às coisas incríveis de que você é capaz.

> ### Ação: Eu Não Posso Sair Hoje; Tenho de Mudar Minha Vida e Me Tornar Incrível
>
> *Se você estiver trabalhando no meio do dia e um amigo o chamar para sair, você provavelmente dirá: "Não posso. Estou trabalhando. Talvez mais tarde." Nós comumente nos comprometemos em áreas como trabalho, mas quando se trata de nosso crescimento pessoal, é frequente acabarmos sabotando os planos e dando prioridade a outras coisas ou pessoas. Treine para estabelecer para você mesmo a meta de realizar algo que seja inquebrável. Uma maneira de fazer isso é reservar um horário, a cada dia, para ler este livro e fazer os exercícios — defina para você mesmo a meta de fazer de seu crescimento com este livro uma prioridade. Estabeleça a meta primeiro. Os maiores do mundo fazem de sua meta e de seu comprometimento consigo mesmos a prioridade número um, e os resultados aparecem em torno da meta. Quando você faz isso, você cria uma consistência que começará a crescer exponencialmente sobre si mesma, e os resultados serão óbvios.*

CAPÍTULO 3

A ILUSÃO DA SEGURANÇA

O que você queria ser quando criança? Artista, bailarino, astronauta, o Batman? Seja o que for, você se lembra por que queria ser isto ou aquilo? Presumo que o que o levou a escolher uma profissão não foi porque você sabia que os bombeiros têm um bom seguro de vida ou que os astronautas têm facilidades para se aposentar. O mais provável é que você simplesmente gostava da ideia de dançar, ou de salvar pessoas, ou de combater o crime.

Embora algumas pessoas acabem seguindo o sonho da infância ou, pelo menos, algo semelhante, muitas não o fazem — quase ninguém que conheço é o Batman hoje. Então, o que acontece? Por que mudamos de ideia? Você pode pensar que direi que tem a ver com dinheiro, mas não direi. Na verdade, não tem nada a ver com dinheiro — tem a ver somente com nossas crenças sobre dinheiro.

Dinheiro e nossas crenças sobre dinheiro são duas coisas *completamente* diferentes.

Todos nós temos crenças diferentes sobre dinheiro. Algumas pessoas podem ter aprendido que o dinheiro é a raiz de todo o mal e, em consequência disso, são resistentes a se tornar abundantes. Algumas pessoas devem ter escutado os pais dizerem que dinheiro não cresce em árvore, o que as leva a deixar passar oportunidades em que o dinheiro poderia vir fácil. Você também pode ter herdado crenças sobre dinheiro que podem parecer positivas, como que você pode criar liberdade tendo dinheiro, ou que é bom ser prático, ou que o dinheiro traz uma sensação de segurança. Seja como for, se você sente que o dinheiro tem controle sobre você de alguma forma, compreenda que são apenas seus *pensamentos e crenças habituais* sobre dinheiro que fazem parecer que ele tem algum poder sobre você.

Você pode fazer uma experiência agora... feche os olhos e pense em quanto dinheiro você tem (ou não tem) neste momento e repare em como se sente. Aqui não se trata de outra "escala de 1 a 10"; neste exato instante, quero que você experimente todos os pensamentos e sentimentos que vêm à tona quando pensa sobre sua atual situação financeira. Por favor, faça isso, de verdade — a menos que você esteja andando de bicicleta, ou dirigindo um carro, ou trem, ou helicóptero, ou um daqueles monociclos futuristas. Todos que estiverem fazendo algo assim, por favor, parem de ler. É perigoso. Mas quem estiver parado, tire um segundo para fechar os olhos e pense na sua conta bancária, em quanto você deve, tudo isso.

Como se sentiu? Empolgado? Apavorado? Inseguro? Envergonhado? Abundante? Seguro?

Bem, seja como for que você tenha se sentido, compreenda que tudo o que eu disse para você fazer foi *pensar* em quanto dinheiro tem. Eu não disse para você ir nadar em uma piscina de dinheiro, nem para esfregar o corpo com ele ou interagir com ele de uma maneira concreta — eu disse apenas para você *pensar* nele. Então você estava apenas experimentando *um pensamento* sobre dinheiro. E esse pensamento veio de *você*. Se você se sentiu apavorado, ou empolgado, ou inseguro, veja que tudo o que fez foi experimentar um pensamento e depois ficar apavorado, ou empolgado, ou inseguro. Como gosto de dizer, é como desenhar a figura de um monstro, depois esquecer que foi você quem desenhou e ficar assustado com o desenho. O modo como você acabou de se sentir foi causado pelo seu julgamento de um *pensamento*, não pelo dinheiro. Todas essas emoções aconteceram dentro de você, não em um banco qualquer. Então aceite a possibilidade de que tudo o que você experimenta com relação ao dinheiro tem mais a ver com *você* do que com dinheiro.

Seu relacionamento com o dinheiro é apenas um espelho do seu relacionamento consigo mesmo. Na verdade, você não tem, de fato, um relacionamento com o dinheiro; você tem apenas um relacionamento com seus pensamentos sobre dinheiro. Como você se sente sobre dinheiro é somente uma expressão dos habituais pensamentos, das crenças e das emoções estagnadas que você carrega em seu corpo e sistema nervoso há anos. Portanto, se você está se sentindo amedrontado com relação ao dinheiro, o que está realmente sentindo é um reflexo do medo e da insegurança que existem dentro de você o tempo todo; você apenas se dá conta deles externamente através do dinheiro. O dinheiro não causa nem cria seu medo; ele apenas o traz à tona.

Por exemplo, eu tinha uma amiga que passou anos afundada em dívidas e vivia em constante estresse e medo por causa de dinheiro. Então essa amiga de repente recebeu uma herança polpuda, que possibilitou que ela se livrasse completamente de todas as dívidas, e ainda sobrou dinheiro. Mas o primeiro pensamento dela não foi de alívio; foi *"Eu espero não perder isto"*. Então o mesmo medo existia dentro dela, independentemente de quanto dinheiro ela tinha. É por esse mesmo motivo que os ganhadores da loteria geralmente ficam sem nada em pouco tempo — mesmo a quantia de dinheiro deles tendo mudado, eles ainda não criaram um senso interior de abundância e valor que corresponda a esse nível de abundância externa. Assim, o mesmo medo interior que os estava impedindo de criar dinheiro é o mesmo medo que estão tentando encobrir comprando jatinhos particulares e iates quando finalmente se veem com dinheiro na conta.

Uma coisa que nos leva a viver nesse perpétuo estado de medo inconsciente com relação ao dinheiro é a crença de que *dinheiro traz segurança*. Dinheiro não tem nada a ver com segurança. Eu compreendo que você leia isto e pense: "Sim, mas eu tenho que pagar o aluguel." É verdade, mas enxergar o dinheiro como sua única fonte de segurança é também o que está separando você do ser incrível, criativo e infinito que você é — o que provavelmente tornaria bem mais fácil pagar o aluguel.

Quando acreditamos que o dinheiro é nossa segurança, criamos um estresse enorme em torno dele. Para muitos de nós, tornou-se um hábito inconsciente viver em um estado de constante ansiedade por causa de nossa situação financeira, o que leva nosso corpo a acreditar que está em perigo e ativar sistemas instintivos de sobrevivência. Em nossa tentativa de criar uma sensação de segurança e proteção por meio do dinheiro, nós, na realidade, criamos dentro de nós um medo que bloqueia nossa capacidade de permitir que novas possibilidades se apresentem.

Então, o que é a verdadeira segurança? É você estar totalmente presente neste momento; é seu coração aberto, sua aceitação de si mesmo, sua consciência, sua valorização da vida, seu amor incondicional — esses são os verdadeiros ativos que o tornam invencível. Esses ativos estão disponíveis para você 24 horas por dia e não exigem uma boa pontuação de crédito ou aprovação do banco. Você sempre tem a opção de explorar sua consciência, sua valorização da vida, seu amor incondicional. Tudo isso está disponível para você a todo instante, mas, em geral, nós não usamos toda a infinita abundância que temos ao nosso dispor. O ego está constantemente ignorando todos os ativos disponíveis a fim de poder criar um motivo para buscar mais e mais. Se você abrir sua consciência para todas as coisas que tem neste momento, perceberá que é massivamente abundante. Se você tiver total acesso ao seu coração aberto, à sua presença, à sua valorização, realmente não importa o que esteja acontecendo fora de você, você já está acessando o tipo de segurança interior que a maioria das pessoas do mundo tenta alcançar por intermédio do dinheiro.

A crença de que o dinheiro traz segurança é o que leva muitas pessoas inseguras a serem completamente comandadas pelo dinheiro e a fazer coisas que prejudicam outras pessoas, o planeta e elas mesmas. Estão obsessivamente buscando uma ilusão de segurança exterior. A verdade é que nós nunca podemos nos sentir inteiramente seguros externamente — estamos voando pelo espaço a milhares de quilômetros por hora em um sistema solar com estrelas explodindo a nossa volta. Vivemos em um planeta com ursos. Há aranhas por toda parte. Por mais que a gente tente se convencer do contrário, a verdade é que não temos quase nenhum controle de nossa segurança exterior. A vida é passageira. Então, se não há uma maneira de estar completamente seguro externamente, o único lugar onde pode ocorrer uma experiência de verdadeira segurança é dentro de nós.

Existe um espaço dentro de você que não pode ser atingido por nada que aconteça ao seu redor. É aí que você tem acesso à verdadeira segurança. A verdadeira segurança é saber que você não é uma circunstância externa. A verdadeira segurança é ser amigo de todos os medos que aparecem em sua mente. A verdadeira segurança é se apaixonar pelo desconhecido e sentir-se em casa com ele. A verdadeira segurança não se importa com aranhas. Se você acha que algo transitório e temporário como dinheiro é uma fonte de segurança, sempre será inseguro, mesmo com a carteira recheada.

Ter mais dinheiro não te fará mudar seu sentimento de insegurança. O dinheiro não é a *causa* de como você se sente; é o *efeito*. Isto é, se você está sem dinheiro e acha que se sente inseguro porque está sem dinheiro, provavelmente é o contrário — é mais provável que você esteja sem dinheiro porque tem uma crença profundamente arraigada de que está inseguro. E é a crença de estar inseguro que pode estar fazendo com que você sinta, pense e aja de maneiras que criam circunstâncias que espelham essa crença.

É claro que você pode ter muito dinheiro e, ainda assim, se sentir inseguro — porque a segurança está fora, não dentro. É esse o caso de muitas pessoas que construíram uma personalidade motivada, de alto desempenho, para tentar reparar uma dor interior profunda. Na verdade, muitas pessoas que são extremamente ricas sentem necessidade de ter guarda-costas e todo um sistema de segurança, o que demonstra como a sensação interior de insegurança ainda pode surgir, independentemente das circunstâncias. Há muitas pessoas extremamente ricas no mundo que, lá no fundo, se sentem muito inseguras.

Isso me faz lembrar de um cliente com quem trabalhei recentemente, que me confidenciou que era constantemente intimidado quando criança. Depois de adulto, ele criou um negócio grandioso, que dava um lucro superior a um milhão por mês. Depois de algum tempo trabalhando com ele, nós descobrimos que gerar essas enormes quantias de dinheiro era o mecanismo mental dele de defesa contra a intimidação, mas como aquele medo que marcou a infância ainda existia dentro dele, ele continuava se sentindo infeliz e apavorado com a ideia de não ser suficientemente bom ou adequado. Mesmo não existindo mais a intimidação de outros, ele ainda intimidava a si próprio acreditando que, sem dinheiro, não era nada. Tão logo começou a compreender isso e a se conhecer plenamente, abrindo-se para a aceitação do sofrimento na infância, ele compreendeu que não precisava daquele dinheiro todo, e que nem mesmo o queria. Vendeu a casa enorme que havia comprado e reduziu os negócios. A necessidade obsessiva de dinheiro estava, na verdade, bloqueando a capacidade dele de acessar uma verdadeira sensação de segurança e proteção — não importava quanto ele ganhasse. Ao se libertar desse vício de validação externa, ele superou a antiga história que o mantinha preso ao medo do passado e alcançou um estado interior que o fazia se sentir seguro e protegido.

Eu sei que, em um primeiro momento, este não é um exemplo que pareça se aplicar a todo mundo, porque não é todo mundo que tem milhões de dólares, mas pergunte a si mesmo: "Será que estou, inconscientemente, buscando uma meta externa como proteção para algo doloroso?"

Posso lhe dizer, com base em toda minha experiência e trabalho que tenho feito com pessoas, que o sofrimento não desaparece quando a pessoa atinge essa meta externa. Muitas vezes ele fica até pior, porque aquilo que a pessoa imaginava que seria uma solução acaba não funcionando, e ela se sente ainda mais desalentada. Ela também pode se sentir culpada, ou pensar "Qual é o problema comigo?", já que ela alcançou tudo aquilo que supostamente deveria fazê-la feliz. Acredito que esse seja um dos principais motivos pelos quais tantas celebridades e pessoas bem-sucedidas acabam dependentes de drogas ou até mortas. Elas alcançam um nível muito alto de sucesso, acreditando que isso curará as feridas internas, e no final isso não acontece. Jim Carrey disse certa vez: "Eu acho que todas as pessoas do mundo deveriam ficar ricas e famosas e fazer tudo o que sempre sonharam, para que entendam que essa não é a solução."

Então, em vez de perseguir uma meta externa como uma maneira de criar uma ilusão de segurança e ignorar aquele nosso lado que se sente incompleto, vamos parar por um segundo, respirar fundo e aprender a dar espaço para os pensamentos e as crenças que nos dizem que precisamos de algo fora de nós para nos sentirmos seguros. Tente fazer isso agora. Respire fundo e sinta em seu corpo e em sua mente todas as emoções, os pensamentos ou as tensões que estão ali prestes a vir à tona. Permita que isso aconteça e note que você está consciente de que tudo isso está acontecendo dentro de você. Dê a si mesmo um espaço para sentir tudo o que está sentindo, sem julgamentos e sem querer corrigir ou resolver o que quer que seja. Torne-se a *sua própria fonte de segurança*.

É assim que criamos a verdadeira liberdade — não é criando uma empresa gigantesca e ganhando dinheiro aos montes; é finalmente enxergando totalmente a nós mesmos e aceitando cada simples parte sua. Um negócio rentável e uma renda polpuda ainda podem acontecer, mas se você não estiver conectado a si mesmo antes de mais nada, não terá um alicerce e será mais apegado aos fatos externos e temporários do que à sua fonte interior de verdadeira abundância — e essa falta de alicerce provavelmente levará seu negócio e suas finanças ao colapso, porque seu negócio e seu lucro sempre corresponderão ao que você sente por dentro. É necessário, em primeiro lugar, encontrar o alicerce dentro de você.

Portanto, antes de ir para o próximo capítulo, no qual nos aprofundaremos no processo experimental de criar a verdadeira segurança, tire um segundo para deixar que todo esse conceito mergulhe em seu corpo e sistema nervoso. Sinta-se à vontade para ler este capítulo mais uma vez, talvez lendo com a essência do seu ser, mais do que com a mente. Muitas das crenças baseadas no medo que você tem na sua vida estão ali desde a infância, então elas não desaparecerão de uma hora para outra somente com a leitura de algumas páginas de um livro — por mais que tenham sido escritas com grande habilidade e por mais bonito e apto que seja o homem que as escreveu. O que quero dizer é que você se dê um tempinho para processar a ideia de que existe um sistema inteiro de crenças que está lhe separando do infinito nível de abundância — que vai bem além do dinheiro — que está disponível para você em todos os momentos. Se algum medo ou dúvida surgir, dê espaço para esse sentimento e o deixe ali. Veja se consegue encontrar um lugar além desse medo ou dúvida de que seja capaz de realmente sentir amor pelos seus medos. Esse é o ponto de acesso para a verdadeira liberdade e segurança que você procura no dinheiro.

> ### *Ação: Libertação das Crenças*
>
> *Escreva vinte crenças diferentes que você teve sobre dinheiro no passado. Podem ser crenças que você aprendeu com seus pais ou de sua própria experiência, como "Dinheiro traz liberdade" ou "Dinheiro é estresse" ou "Eu não sou bom com dinheiro". Seja o que for, escreva vinte crenças das quais você agora tem consciência, depois preste atenção nelas conforme forem surgindo nos próximos dias.*

CAPÍTULO 4

A ILUSÃO DE ESTAR SEM DINHEIRO

Neste exato momento você pode dizer: "Então vamos ao que interessa, Cease — como eu chego efetivamente a esse lugar de verdadeira segurança e proteção para poder começar a ganhar dinheiro?" Bem, em primeiro lugar, compreenda que é sua mente que está perguntando — e note também que sua mente está estranhamente violenta sem motivo, por isso, acalme-se por um segundo. Lembre-se, não é só sua mente que acredita que você já não se encontra em um estado de verdadeira segurança e proteção. Como expliquei no capítulo anterior, a sensação de verdadeira segurança não é um destino ao qual você possa chegar; é algo que já existe dentro de você. Eu sei que a frase "a verdadeira segurança está dentro de você" pode soar como um clichê, algo que o pai da *Família Sol-Lá-Si-Dó* diria, mas encontraremos provas de que ela é real.

Se você ficar debaixo de uma luz e fechar os olhos, não significará que a luz não está ali. Você pode não vê-la, mas ela está brilhando em cima de você. Mesmo que não consiga sentir segurança dentro de você neste momento, não significa que ela não esteja lá. Você pode enganar a si mesmo acreditando que ela não existe, mas ela não sairá de lá. A verdadeira segurança é constante — suas crenças é que a estão bloqueando.

Não existe uma solução rápida que eu possa fornecer como atalho para experimentar a verdadeira segurança e liberdade. Não estou dizendo que demorará um longo tempo, só estou dizendo que você não pode enganar o Universo. Não dá para simplesmente espalhar post-its pela casa inteira com os dizeres "EU ESTOU SEGURO E PROTEGIDO" e depois submeter-se a uma lavagem cerebral sobre a experiência da verdadeira e duradoura segurança interior. Isso pode até ser um bom começo, mas se você não for mais fundo, será a mesma coisa que se iludir a pensar que estará seguro se tiver milhões de dólares. Tentar convencer mentalmente a si mesmo de que você está seguro com afirmações é simplesmente criar outra ilusão temporária que apenas estimulará o círculo vicioso de ser controlado por seus medos mentais. Você já está seguro. Já está protegido. Pode apenas ainda não ter consciência disso.

O motivo pelo qual não existe uma solução rápida para te fazer mudar da ilusão de segurança para um espaço de verdadeira segurança é porque não é algo que você faça — é algo que acontece naturalmente quando você se liberta do vício de alcançar coisas fora de você para se sentir seguro. Quando você para de tentar entorpecer ou consertar as emoções dolorosas e temerosas em seu interior, descobre que não há nada do que fugir. Esses medos e essas emoções difíceis são, na verdade, a porta de entrada para a verdadeira liberdade e segurança. São a porta de entrada para a verdadeira criatividade. São a porta de entrada para *você*. Quando você encara plenamente suas emoções temerosas, o que experimenta é a dor momentânea de sua ilusão se dissolvendo. Você sente uma camada de sua estagnação mental sendo destruída na presença de sua consciência. Você está no processo de mudar daquilo que era antes para aquilo que está prestes a se tornar. Você está em trabalho de parto — dando à luz um novo você. Pode imaginar se uma mulher em trabalho de parto decidisse que é difícil demais e fosse assistir à Netflix, em vez de dar à luz? É isso que estamos fazendo quando negamos o que sentimos e tentamos consertar com algo externo. Estamos sufocando nosso crescimento e optando por permitir que a dor do passado determine nosso futuro.

Um exemplo disso poderia ser a compulsão por comida — se toda vez que uma dor emocional ou insegurança surgir, a pessoa for procurar guloseimas, em vez de encarar plenamente a dor e permitir que ela se dissolva, ela começará a engordar e prejudicar sua saúde. Engordar e prejudicar a saúde causará a ela sofrimento emocional e insegurança de várias maneiras diferentes, o que pode levar a uma compulsão ainda *maior* por comida, a fim de encobrir também mais esse sofrimento. Torna-se cada vez mais difícil encarar as emoções à medida que a pessoa fica presa nesse círculo vicioso no qual a dor mal resolvida do passado está no total controle do futuro — impedindo que ela cresça para uma versão mais elevada de si mesma.

São tantos os sentimentos que nós temos e que precisam ser encarados! Pense em todas as maneiras como você enterra seus sentimentos e busca algum outro tipo de experiência como forma de distração. Está na hora de permitir-se experimentar o que realmente está acontecendo. Sair desse tipo de círculo vicioso e encontrar a verdadeira segurança é tão simples quanto se sentar e prestar atenção ao que está ocorrendo dentro de você. Quando a dor ou o medo surgir, seguido por um impulso de fazer algo viciante ou que ajudará a desviar seu pensamento, tome consciência desse impulso e opte por encarar o medo ou a dor. Se você é uma pessoa que tem dificuldade para ficar sentada sozinha com seus pensamentos, isso pode ser um sinal de que você se sente desconfortável ou inseguro em algum grau e se acostumou a ignorar isso. Ficando só e plenamente consigo mesmo e se tornando um espaço de aceitação de todas suas emoções reprimidas, remorsos, medos e culpa, você prova para si mesmo que é maior que tudo isso. Deixa de ser *comandado* por esses sentimentos. Deixa de ter a necessidade de ir atrás de dinheiro, ou realização, ou fama, ou status, a fim de superar seu senso interior de insegurança. Você se sente seguro justamente quando se rende a sua insegurança.

É essa prática de constante aceitação e desprendimento emocional que nos permite mudar os canais e entrar em uma nova dimensão vibracional. Nessa dimensão, ideias mais elevadas e uma criatividade colaborativa nos permitem agregar mais valor ao mundo e criar verdadeira abundância. Essa dimensão é uma coisa real. Existe uma dimensão sua completamente diferente, livre das limitações e das histórias estagnadas, as quais não merecem consideração. Há um nível em que você consegue compreender tudo isso, porém não será antes de você dar um salto, libertar-se das coisas pesadas, dos resultados, e aceitar *tudo* o que você é, que isso começará a se tornar real para você. Foi somente depois que passei por essa mudança que comecei a entender quão real é essa dimensão. Existe, literalmente, uma experiência de enxergar um mundo totalmente diferente, onde cada momento tem tantas possibilidades quanto problemas, onde ideias inspiradas surgem constantemente, onde a abundância é um modo natural de ser. O dinheiro é parte dessa abundância, mas também fazem parte a paixão, a realização, a conexão e a contribuição. Quando conseguimos encarar e superar nossos medos com aceitação e amor, em vez de ficarmos obcecados por eles, nós nos conectamos a essa dimensão superior que nos permite acessar tanto a *segurança interior* quanto a *abundância exterior*, ao mesmo tempo.

Como eu disse, quando o dinheiro é nossa única fonte de segurança, não conseguimos acessar todos os ativos que estão disponíveis para nós, porque nossa mente está constantemente tentando salvar nossa vida e acreditando que ficar sem dinheiro é a morte. Quando o dinheiro está curto, imediatamente criamos soluções mentais estratégicas e de curto prazo, em vez de nos permitirmos expandir além do medo de ficar sem dinheiro e nos abrir para soluções de nível superior. Mesmo quando temos bastante dinheiro, é comum existir um medo subconsciente de perdê-lo, e isso nos impede de sentir segurança. Não podemos ir além do nosso apego ao dinheiro se acharmos que morreremos se não tivermos dinheiro.

Na verdade, acredito que, quanto mais tranquilo você se sente com a ideia de estar sem dinheiro, mais você se torna um espaço para que o verdadeiro sentimento de segurança e abundância se faça presente. Isso pode parecer estranho para algumas pessoas, mas o medo de ficar sem dinheiro é, em grande parte das vezes, o que nos bloqueia de correr o risco de trazer à tona nossa plena expressão criativa. Lembre-se, a ideia de ficar sem dinheiro é apenas isso — uma ideia, um pensamento, um conceito mental.

Se você não fica bem com a ideia de estar sem dinheiro, está em conflito com alguma coisa dentro de seu corpo que foi *você* quem criou. Quando você consegue aceitar totalmente a possibilidade de ficar sem dinheiro, o dinheiro para de comandar, e você pode começar a tomar decisões baseadas em suas ideias inspiradas e em seus chamados ou desejos, em vez de no medo.

Por exemplo, se uma pessoa fica completamente horrorizada com a ideia de não ter dinheiro, ela pode ficar com medo de correr riscos na carreira, ou de investir em seu negócio, e acabar perdendo o crescimento exponencial que poderia acontecer se ela superasse esse medo. J. K. Rowling era extremamente pobre quando escreveu a série *Harry Potter*. Se ela tivesse se deixado levar pelo medo de não ter dinheiro, talvez hoje nós não tivéssemos Harry Potter. Em vez disso, talvez tivéssemos Barry Notter, um personagem menos inspirador e mais pessimista que ela inventou enquanto trabalhava em um emprego que ela detestava.

Recentemente tive um cliente que estava com sérios problemas financeiros e extremamente deprimido por isso. Eu o ajudei a se libertar desse sofrimento por causa de dinheiro e voltei a vê-lo três meses depois... na verdade, ele estava até com menos dinheiro que antes, mas se sentia realmente livre e feliz. Eu sei que este exemplo pode parecer uma péssima referência para quem se propõe a ajudar as pessoas a se tornar abundantes, mas o primeiro passo para ele em direção à verdadeira abundância era ser capaz de entender que a principal causa de seu sofrimento era, na verdade, o *medo* de não ter dinheiro, e não a realidade de não ter dinheiro.

Se eu o tivesse ajudado a ganhar um monte de dinheiro, isso teria entorpecido o sofrimento dele a ponto de encobrir uma lição importante que ele precisava aprender. Assim que ele verdadeiramente experimentou a realidade da qual tinha medo, compreendeu que ainda estava vivo e que ainda tinha tanto pelo que agradecer, e foi forçado, mediante a ausência de abundância externa, a explorar sua fonte interna de abundância. Ele passou a ser uma tela em branco e um alicerce para criar coisas a partir da inspiração, em vez do medo. Eu preferiria estar na posição em que ele está agora a ter milhões de dólares e não compreender que eu estaria bem mesmo que não tivesse um centavo.

Se você conseguir entender e ter a experiência de se sentir totalmente em paz caso fique sem dinheiro algum, poderá criar um relacionamento com o dinheiro que não é de vida ou morte, criar uma sensação de verdadeira segurança e ficar livre para criar em um nível superior. Sendo assim, tenho um exercício para você fazer sobre ficar bem com a ideia de não ter dinheiro e descobrir a verdadeira segurança interior.

Imagine que você perca tudo. Crie a experiência em sua mente de literalmente perder tudo o que possui, de tudo ser arrancado de você. Sei que é um pensamento que pode parecer deprimente ou assustador, mas, como eu disse, encarar diretamente nossos medos mais profundos é, na realidade, um portal para a liberdade, então pense seriamente sobre como seria se você perdesse tudo o que tem: seu emprego, suas economias, seu carro, sua casa, cada centavo. Como você se sentiria?

Coloque-se mental e emocionalmente nessa situação por um momento e sinta, em seu corpo, como seria não ter absolutamente mais *nada*, ser um sem-teto e não ter ninguém para ajudá-lo.

Quando você de fato sentir como seria, escreva ou relembre mentalmente todas as emoções que sente. Medo intenso? Pânico? Vulnerabilidade total? Tristeza? Desamparo? Raiva? Impotência?

Agora, independentemente do que você esteja sentindo, responda às seguintes perguntas: o que você acha que seria necessário para se sentir completamente seguro mesmo em meio a todas essas emoções e sem segurança externa? Que grau de aceitação você precisaria ter para amar todo esse medo que possivelmente surgirá, sem ficar totalmente aterrorizado? Imagine não ter nada, mas de alguma forma conseguir se sentar em um banco na praça e apreciar a beleza da natureza a sua volta. Imagine estar totalmente vulnerável externamente, mas ao mesmo tempo sentir-se plenamente presente e grato apenas por estar vivo. Quão poderoso você teria de se tornar para suportar todo seu apego psicológico às coisas externas que foram tiradas de você? Para ainda assim sentir gratidão, alegria, amor e compaixão nessa situação, *quem você precisaria se tornar*?

Aviso importante: eu não estou dizendo para você efetivamente fazer isso. Não estou dizendo para você largar seu emprego e virar um sem-teto e morar na rua. Trata-se de um exercício. *Não* faça isso na vida real.

Se você foi capaz de fazer uma projeção de si mesmo não possuindo mais nada, e ainda assim experimentar um sentimento de paz e segurança interior, você provavelmente se tornaria a pessoa mais poderosa do planeta. Teria encontrado o que cada ser humano procura. Lembre-se, é frequente os milionários procurarem monges budistas para encontrar a felicidade; o oposto raramente acontece.

Aviso não tão importante: também não estou dizendo que você precisa ser um monge budista; é apenas uma demonstração.

Se você conseguiu se visualizar não tendo mais nenhuma posse e, ainda assim, sentindo-se seguro, você terá se libertado dos apegos mentais limitantes que te impedem que se alinhe com o fluxo de abundância. Nesse lugar de liberdade e conexão, acredito plenamente que você conseguiria criar em um nível nunca antes experimentado. Você se transfere para uma vibração de liberdade e colaboração em que recebe ideias de como pode compartilhar os insights que encontrou, ajudar outras pessoas, ou contribuir de alguma forma. Descobrir o básico da sobrevivência começa a ser óbvio para você, e você entra em um estado de verdadeira inspiração e se torna amplamente receptivo. É bem provável que você comece a criar rapidamente uma abundância *externa* que corresponde aos sentimentos *internos* de liberdade e abundância que você experimentou.

É muito possível que você ouça isto e pense que o que estou dizendo é: para encontrar esse lugar de aceitação e liberdade, você precisa sabotar todas as suas situações atuais e fazê-las desmoronar, para que consiga superar o apego ao dinheiro. *Não* é o que estou dizendo. Estou enfatizando isso porque certa vez tive um cliente que decidiu que queria ir a Las Vegas e apostar todas as suas economias no vermelho em uma mesa de roleta para se libertar do apego ao dinheiro. Eu não estou sugerindo, de jeito nenhum, que alguém faça tal coisa — mas caso você queira fazer, aposte no preto.

Mas falando sério, não estou dizendo para você ter como objetivo a pior situação possível a fim de conseguir superá-la; entretanto, o que aconteceria se você tivesse um chamado em sua vida que fosse amplo e empolgante, e você se lançasse em alguma empreitada *arriscada*, mas que possibilitaria ir além de onde você está agora? Esse é o tipo de liberdade que advém de estar bem, mesmo sem dinheiro — a liberdade de ir além do seu medo em direção a algo maior.

E então, parece plausível a você sentir-se seguro mesmo tendo perdido tudo o que possui? Se parece plausível — e quem sabe até um pouco emocionante —, significa que há uma rachadura na concha do seu vício mental em circunstâncias externas e que você está começando a ver que a segurança não depende de uma determinada situação ser como é. Se *não* lhe parece plausível, então preste atenção nas vozes que surgem com motivos pelos quais não seria plausível. Essas vozes são daquele seu lado que ainda tenta manter a concha intacta. Mas lidaremos com elas mais adiante.

> ### *Ação: Silêncio É Segurança*
>
> *Sente-se e escute, por uma hora, o silêncio que está além do desejo mental ou do medo de ficar sem dinheiro. É aí que está sua verdadeira segurança.*

CAPÍTULO 5

EU AMO MINHA CONTA BANCÁRIA ATUAL

Um denominador comum entre quase todas as pessoas com quem já conversei sobre dinheiro é que elas querem mudar a quantia que possuem. A maioria das pessoas quer ter mais dinheiro. Poucas querem ter menos. Algumas gostariam que dinheiro não existisse porque elas odeiam se preocupar com finanças. Em todos os casos, porém, essas pessoas estão em conflito com sua situação financeira atual e também consigo mesmas. Acham que a situação é insatisfatória, dizem ao próprio corpo e sistema nervoso que alguma coisa está errada, e nesse espaço de conflito consigo mesmas elas se isolam de um sentimento de plenitude e da infinita criatividade que teria potencial para surgir. Se você já experimentou um sentimento de necessidade de que sua conta bancária fosse diferente, compreenda que você está se isolando de tudo o que você é neste momento quando diz que a situação atual não é boa, e que está vivendo em uma fantasia de que o futuro pode ser melhor do que agora... e deixe-me lhe dizer uma coisa, *não há um momento melhor no futuro.*

Não há nada além deste momento, e é somente seu nível de aceitação que pode torná-lo melhor ou pior. O futuro é um conceito que vive em nossa mente (assim como o dinheiro) e que nos impede de explorar a abundância e a alegria que estão disponíveis agora. A ideia de "depois" é um sintoma da não aceitação do "agora". A ideia de "mais dinheiro" é um sintoma de não aceitar o momento presente. A ideia de um corpo melhor, um relacionamento melhor, um humor melhor, e assim por diante, são sintomas de quem não aceita completamente o momento presente.

Você consegue ficar bem com o momento presente? Consegue ficar bem com a quantidade de dinheiro que tem ou não tem no momento? Se você sente que não tem tanto quanto gostaria, será que consegue encontrar o espaço subjacente a essa crença, no qual você ainda conseguiria sentir-se bem com sua circunstância atual, apesar de sua mente dizer que não é suficiente? Consegue mergulhar no sentimento e no conhecimento interior de que a abundância está em toda parte ao seu redor, independentemente de sua crença mental sobre o que seu saldo bancário significa? Aceitar onde você está não significa que você não possa ter mais dinheiro, ou um corpo melhor, ou um relacionamento mais satisfatório; a aceitação de onde você está é que cria a abundância interna que permitirá que você realmente receba abundância externa de um modo mais consistente.

Então, no velho paradigma, fomos ensinados a pensar de maneira positiva ou focar somente aquilo que queremos — muitos de nós provavelmente visualizaram ou escreveram metas que desejamos alcançar. Isso é incrível, e em determinada ocasião era o melhor que podíamos fazer e era, de fato, uma verdadeira expansão para fora da vitimização. Agora, no entanto, estamos chegando a uma época em que muitas pessoas atingiram suas metas e, como eu disse antes, descobriram que alcançar aquilo que desejam não necessariamente traz felicidade. Então agora, este novo nível de consciência está surgindo, e nós estamos percebendo que nossa abundância não está em criar alguma coisa fora de nós, mas, sim, em nossa total aceitação de cada simples parte de nós mesmos. Focar unicamente no positivo é admitir que existe o negativo, o que torna *impossível* nos amarmos por inteiro verdadeiramente. Se você está tentando pensar positivamente e sentir apenas emoções positivas, você está fugindo de partes suas e não está aceitando tudo o que você é e todas as experiências que teve. Esse velho paradigma está negando a perfeição do momento presente e a perfeição que você é.

Estou descobrindo que você pode desenvolver um nível de aceitação que permitirá enxergar e experimentar tudo em sua vida como sendo perfeito, exatamente do jeito como é e está agora, e que sua aceitação criará espaço para que você se mova em uma direção completamente diferente. Não é faz de conta, é apenas a verdade: tudo é, de fato, perfeito. O Universo não comete erros. Você tem a exata quantia de dinheiro neste momento para ajudá-lo a aprender a lição que precisa aprender, seja ela qual for. Você tem os relacionamentos necessários em sua vida para ajudá-lo a descobrir exatamente o que precisa descobrir sobre si mesmo. Nada disso é por acaso; é uma colaboração perfeitamente sincrônica destinada a conduzir a vida, de maneira contínua, a um nível mais elevado de expansão através de cada um de nós.

Essa consciência te conduz em uma direção vertical e além das situações que você tem tentado resolver com as soluções lineares e limitadas que seu medo disponibiliza. Suas circunstâncias começarão a lhe espelhar à medida que você se encaminha para a perfeição que você já é. Aceitando aquelas partes de você que têm medo de ficar sem dinheiro, ou de envelhecer, ou de terminar um relacionamento, ou de desmoronar — e verdadeiramente amando-as até que elas consigam desaparecer —, você acessará uma nova capacidade de experimentar a perfeição da vida de maneiras que nunca viu antes. Lembre-se, não há como o medo existir em um espaço de amor. Se você tem crenças sobre si mesmo que está julgando, e se você realmente as ama e aceita, elas não conseguem existir. É a sua resistência que cria o medo. Não é aquilo de que você tem medo, é a sua *resistência* a essa coisa. É *isso* que incomoda você. Até mesmo o fato de que você se incomoda com alguma coisa faz parte da perfeição e pode receber amor de uma consciência mais elevada, o que permitirá que ela desapareça.

Eu sei que é possível que você esteja enfrentando uma situação difícil, ou muito triste. O fato de algo ser triste ou difícil de enfrentar não significa que não seja parte da perfeição da vida. Até a tristeza que sentimos é perfeita. Pode notar que, quando você consegue abraçar inteiramente a tristeza, quase sempre encontra um sentimento de amor do outro lado. Se eu estiver bem com minha tristeza, ela tem espaço para se retirar. Quando julgo a tristeza e digo que ela não deveria estar ali, ela permanece, e eu não consigo encontrar o amor do outro lado. É por causa de nossa constante proteção das emoções que nossa mente enxerga como negativas que nós, muitas vezes, acabamos não experimentando as emoções que percebemos como positivas. Por isso eu digo sempre e repito que o grau de luz que você emite não tem a ver com seu pensamento positivo, e, sim, com a escuridão que você consegue aceitar.

Quando removemos todos esses julgamentos mentais sobre o que é bom e o que é ruim, é então que a perfeição da vida começa a penetrar em nossa consciência. Perfeição não significa que as circunstâncias tenham de ser perfeitas; a experiência de uma vida perfeita só acontece quando não a julgamos. É a alegria da experiência pura. Na ausência de nosso julgamento, a vida explode, de maneira positiva. É desse lugar de plena aceitação de tudo aquilo que somos e de tudo que a vida é que vem a verdadeira abundância. Verdadeira abundância é compreender que a vida é perfeita exatamente do jeito que ela é neste momento. Quase todo mundo vê o dinheiro como fonte de liberdade, mas se você tiver dinheiro e tiver medo de perdê-lo, cria uma prisão mental para si mesmo que te isola da *verdadeira* liberdade. Eu prefiro não ter dinheiro e ter a experiência da verdadeira liberdade de enxergar a perfeição da vida a ser milionário e não ter essa experiência.

Então, o que está bloqueando você de experimentar a verdadeira abundância e de conseguir enxergar a perfeição da vida neste exato momento? Pode ser a crença de que você é jovem demais, ou velho demais. Pode ser a crença de que você não é suficientemente talentoso ou não tem experiência suficiente para fazer o que gostaria de fazer. Pode ser a crença de que você não merece sentir a verdadeira abundância, ou amor, ou aceitação. Seja o que for, *esse* é o portal para sua abundância infinita. Aprender a aceitar uma parte mal-amada de sua vida, e a si mesmo, é a passagem para experimentar internamente, pela primeira vez, a perfeição da vida, e em seguida transformar-se de tal modo que você comece a organizar sua vida em alinhamento com essa perfeição. Não tem como acontecer ao contrário, você não pode esperar que a vida se torne exatamente do jeito que seu ego acha que deve ser *e depois* aprender a amá-la. Você precisa aprender a valorizar e prezar aquilo que você deseja antes mesmo que aconteça — ou então você esperará para sempre.

E então, como fazer isso? Bem, como tudo mais, é preciso treinar. O apreço e a gratidão são habilidades. A aceitação é uma habilidade. A entrega e a rendição são habilidades. Não julgar é uma habilidade. Muitas pessoas têm metas ou fantasias sobre ganhar mais dinheiro, mas bem poucas têm a meta de aperfeiçoar sua capacidade de apreciar mais a vida. Imagine se você dedicasse o mesmo tempo que dedica ao seu trabalho ao esforço para aumentar sua capacidade de apreciar e se entregar. Imagine se você passasse 40 horas por semana aprimorando a capacidade de ser constantemente grato apenas por estar vivo. Se uma pessoa se empenhasse em se sintonizar com a vibração interior da gratidão com a mesma intensidade com que se envolve com as circunstâncias externas da vida, eu realmente acredito que todos os problemas que elas acreditam ter se dissolveriam por completo.

Apreciação, entrega, desprendimento, aceitação — são coisas que podemos escolher começar a trazer para nossa vida imediatamente, para nos ajudar a desfazer as camadas de histórias protetoras que nos causam estresse e nos impedem de acessar nossa abundância. Se você se encontra em uma situação na qual acha que precisa de mais dinheiro, é sua função primeiramente aceitar e render-se à circunstância em que você está, sem julgamentos ou sentimento de culpa sobre como chegou a esse ponto. Torne-se um espaço de amor por todos aqueles sentimentos dolorosos que você acha que deveriam ser diferentes: as vozes que dizem que você não é bom o bastante, as crenças que dizem que é difícil ganhar dinheiro. Conforme você se concentra pacientemente, sem se deixar distrair por seus pensamentos e emoções, sua antiga história começa lentamente a ir embora através de sua aceitação. E tente o seguinte: para qualquer coisa que seja difícil aceitar, mencione-a em voz alta e em seguida diga "... e eu amo isso". Por exemplo, você poderá dizer algo como "Eu tenho medo de ficar sem dinheiro, e eu amo isso" ou "Eu acho difícil ganhar dinheiro, e eu amo isso". Quando você traz amor para uma crença, cria espaço para que o julgamento vá embora, e quando ele vai embora, você cria espaço para as possibilidades.

Do outro lado desse julgamento, você poderá de repente compreender e apreciar pela primeira vez o fato de que tem à sua volta um suprimento de oxigênio para a vida inteira. Você poderá perceber que seu coração bate completamente de graça. Poderá notar que o Sol não cobra para brilhar e que sua imaginação é um presente mágico além da compreensão, que foi oferecido a você por algum motivo que você nem mesmo entende.

É frequente termos o hábito de dar valor somente às coisas pelas quais pagamos. Se você ganhar um ingresso para o cinema, é provável que você não tenha tanto interesse em assistir ao filme. É bem verdade que as melhores coisas da vida são de graça (oxigênio, gravidade, luz do sol, amor, conexão, nosso planeta, nosso corpo, meditação...), mas como não pagamos por elas, normalmente *não prestamos atenção* a elas. Expandir sua abundância é, na realidade, expandir sua consciência de valorização de modo a incluir essas coisas que costumamos negligenciar.

Apreciar significa, literalmente, dar valor e aumentar o valor; quanto mais você aprecia a si mesmo e o mundo ao seu redor, mais você aumenta seu valor e sua capacidade de receber valor. Viver no campo da apreciação ergue você para fora dos problemas com os quais tantas pessoas são obcecadas. Ao mesmo tempo em que uma pessoa perde a paciência e esbraveja com os outros motoristas em um engarrafamento no trânsito, outra no carro ao lado pode estar na vibração de valorização, refletindo sobre como é incrível poder ter um carro. É nesse tipo de vibração que as ideias de avanço podem surgir para você. Certa vez ouvi uma história sobre uma pessoa que se sentia em seu "templo" quando ficava presa no trânsito de Los Angeles, pois era quando ela tinha as melhores ideias de negócios. A experiência de valorização é aberta e vasta, dando espaço para a criatividade e a inspiração. Quando você está concentrado no problema, não há espaço para que as soluções apareçam.

Ficar no nível do problema enquanto tenta solucioná-lo é como tentar pintar as paredes de sua casa com um assassino na sala de estar. Você não consegue pintar a casa enquanto não encontra uma maneira de fazer o assassino ir embora. E em geral, assassinos não vão embora a menos que você largue o rolo de tinta e realmente tome uma atitude. Pelo menos, essa é a minha experiência em lidar com invasões domésticas enquanto estou pintando as paredes. Você tem de aceitar conscientemente e abandonar qualquer julgamento sobre si mesmo ou sobre sua atual situação antes que um novo nível de possibilidades se apresente. Precisa abraçar seu assassino interior e demonstrar certa apreciação, porque, quanto mais amado um assassino se sentir, menos vontade de matar ele terá. Ele pode talvez te estrangular só um pouquinho, de leve — e depois acabar lhe fazendo uma bela massagem.

O processo de desenvolver habilidades como apreciação, aceitação e rendição é o verdadeiro esforço, e é o que espero mostrar a você, neste livro, como fazer. Como eu disse, não existe um meio rápido de reparo ou um cristal que faça esse trabalho por você. Essas são habilidades que requerem paciência e propósito para se desenvolverem, mas quando você se determina a expandir além daquela antiga história protetora, começa a experimentar o jogo da vida de uma maneira totalmente diferente. Você começa a se mover exponencialmente, deixa de tentar controlar o mundo exterior por meio da manipulação e da força e passa a se tornar consciente de suas reações ao mundo exterior, expandindo para um espaço de verdadeira aceitação e rendição e, finalmente, permitindo que a criatividade e a inspiração preencham o espaço que você abriu. É dessa forma que você realmente entra no fluxo e cria uma abundância sólida. É dessa forma que você transforma o seu mundo.

Exercício: Amando o Assassino

Todos nós temos várias crenças limitantes inconscientes e medos alojados dentro de nosso corpo. A principal razão pela qual eles ainda estão presos lá é que nós realmente ainda não os vimos e os amamos. Para abrir mão de alguma coisa, é necessário ver essa coisa por inteiro, escutar o que ela diz e tornar-se um espaço de amor por ela. Portanto, anote algumas crenças que você traz consigo e que o fazem se sentir limitado. Aqui estão alguns exemplos: eu nunca chegarei a lugar algum. Eu não tenho tempo suficiente. Eu não sou atraente.

Depois de escrever todas as crenças limitantes que vierem à sua mente, analise individualmente cada crença e se permita sentir amor por cada uma. Torne-se um espaço fora dessas crenças que possibilite amá-las — essas crenças não são você. Pode parecer um pouco sentimentaloide, mas imagine dar um abraço em suas crenças, ou sentir compaixão por elas, do mesmo modo como um pai ou mãe consolaria o filho que se machucou. Também pode ser útil escrever "e eu amo isso" ao lado de cada crença. Pode parecer estranho no começo, ou você pode sentir que ainda não ama totalmente essas crenças, mas quanto mais você praticar deixar de lado as crenças que tem sobre si mesmo, mais fácil será abandoná-las de vez.

CAPÍTULO 6

AUMENTANDO SEU VALOR

Se até agora, à medida que você está lendo, você descobriu coisas sobre si mesmo que antes não sabia, lembrou-se de algo que havia esquecido, ou se sentiu expandido ou empolgado, é porque você está aumentando seu valor. Ao escolher gastar seu tempo e dinheiro em algo que te ajuda a aprofundar a conexão consigo mesmo, você está aumentando seu valor.

Muitas pessoas acreditam que seu valor está baseado em quanto dinheiro elas têm. Elas falam sobre seu "patrimônio líquido" e presumem que todos os bens que acumularam é o que as torna valiosas. Mas o valor de uma pessoa não é o que ela tem no banco, ou o emprego, ou as relações de negócios. Seu verdadeiro valor é baseado no grau de conexão *consigo mesmo*. É sobre o acesso que você tem à natureza infinita de seu ser. Você é criatividade infinita e valor infinito, portanto, se estiver profundamente conectado consigo mesmo, você está conectado com seu valor infinito. Você pode não acreditar ainda que tem valor infinito — tudo bem, é por isso que estou escrevendo este livro.

Se você ainda não acredita ou realmente sente em seu corpo que você é criatividade infinita e valor infinito, pelo menos, acredita que tem uma imaginação infinita? Se não acredita, pense em um elefante. Agora imagine uma girafa. Agora pense em um elefante com pescoço de girafa e rosto de leão. Viu...? Você pode pensar em *qualquer coisa*. Sua imaginação é infinita. Se você consegue pensar em coisas que não existem, pode trazê-las para o mundo. Algumas coisas podem ser mais difíceis de trazer fisicamente ao mundo do que outras, como o leofantirafa, mas, ainda assim, as possibilidades são ilimitadas. Cada simples invenção, cada peça de arte, cada construção, cada canção, cada livro — não existiam no mundo até serem criados.

Entretanto, apesar de termos essa imaginação ilimitada que nos permite criar praticamente qualquer coisa em que pensamos, a maioria das pessoas não usa a imaginação para criar o que quer — elas focam no que não dá certo. Usam os infinitos recursos da mente para criar os piores cenários possíveis e depois gastam toda a energia criativa tentando consertar ou evitar coisas que ainda nem aconteceram. Essa é uma das principais causas da ansiedade. De várias formas, a ansiedade é um sinal de que você é um gênio criativo, mas não está canalizando sua criatividade para algo que o inspire. Para mim, a ansiedade aparece principalmente quando não estou vivendo minha criatividade máxima — em geral, quando estou fazendo alguma coisa a qual já estou habituado, minha mente fica entediada, e não sou atraído por algo que me leve além de mim mesmo. O mais estranho é que a ansiedade ou o estresse por causa de dinheiro usam a mesma energia criativa que poderia, na verdade, criar milhões — se fosse direcionada para o momento presente, em vez de ficar constantemente criando um futuro imaginário cheio de tormentos, o qual não existe.

Então, seu valor não é baseado em quanto dinheiro você tem, porque você é a *fonte* do valor. Você é a fonte do dinheiro, a fonte da criatividade. Você está conectado com tudo isso. O dinheiro pode voar na sua direção no momento em que você compreende o verdadeiro valor que você tem. O dinheiro pode ser uma consequência de sua compreensão do infinito valor ao qual você sempre tem acesso, mas é um *resultado* do seu valor, e não o que faz você valoroso. É como se você tivesse uma conta bancária em outra dimensão, na forma de criatividade e ideias ilimitadas, e tudo o que você precisa fazer é transferir isso para esta dimensão, trazendo sua criatividade ao mundo. O modo como você desenvolve a capacidade de se conectar com essas ideias é aceitando e indo além de todas as limitações e crenças oriundas do medo, as quais isolam você daquilo que você realmente é. As ideias surgirão assim que você parar de carregar a crença de que não as merece. Portanto, enquanto lê este livro, neste exato instante, você está lentamente desfazendo aquelas crenças habituais que mantêm sua conta bancária fora do alcance, e está cada vez mais perto de acessar seu verdadeiro valor.

Pense em uma pessoa como Oprah Winfrey. Oprah é muito rica. Mas ela não é apenas rica, ela tem valor. Ela recorreu a um aspecto de sua ilimitada criatividade e está trazendo ideias ao mundo de uma forma que a torna bastante valiosa. Se a conta bancária dela fosse zerada amanhã, ela ainda assim seria incrivelmente abundante e capaz de criar milhões instantaneamente, por causa do valor que ela desenvolveu ao longo dos anos, conectando-se cada vez mais com a plena expressão de si mesma. O coração aberto, a capacidade de conversar com as pessoas e de ajudá-las a compartilhar suas histórias, de conectar-se consigo mesma e com os outros, a gratidão, a generosidade — tudo isso são ativos que ela criou. Ao aumentar seu valor, a conta bancária acompanhou.

Agora imagine alguém que também tenha centenas de milhões de dólares, mas em vez de aprender a se conectar consigo mesmo e acessar seu valor interior para criar dinheiro de uma maneira consistente, a pessoa tenha herdado ou ganhado de alguma forma parecida. Se essa pessoa perdesse tudo, ela provavelmente não conseguiria criar o mesmo tipo de valor instantâneo que Oprah conseguiria — ela teria o mesmo *potencial* de Oprah para criar valor, assim como todo mundo tem, mas talvez não tivesse consciência desse potencial porque não teria construído a mesma consciência interior de valor que Oprah construiu.

Se você considerar o dinheiro mais importante do que sua conexão consigo mesmo, provavelmente acabará perdendo as duas coisas — não conseguirá sustentar a abundância exterior se seu valor interior não corresponder a ela. Se você acha que sua conta bancária vale milhões, mas não vê *a si mesmo* como valendo milhões, inconscientemente você fará o que puder para garantir que o dinheiro corresponda ao valor que você acha que tem.

Então, de que maneira você pode começar a efetivamente aumentar *seu* valor, em vez de apenas o de sua conta bancária? Bem, há várias maneiras diferentes — superando antigas crenças, aceitando-se por inteiro, reforçando sua apreciação. Qualquer coisa que afaste você dos padrões viciosos e das limitações de sua mente e o aproxime de sua conexão consigo mesmo e com sua criatividade natural aumentará seu valor.

Também podemos aumentar nosso valor simplesmente *nos enxergando como mais valiosos*. Da mesma forma que é comum não nos permitirmos sentir amor enquanto não temos a desculpa externa de estarmos apaixonados por alguém, também não nos permitimos nos sentir valiosos enquanto não temos um motivo externo para nos sentirmos assim. Em outras palavras, a maioria de nós provavelmente não acredita ser merecedor de ganhar 10 milhões por ano enquanto de fato não ganharmos os 10 milhões por ano. Como somos dependentes de algum tipo de validação externa de nosso valor, normalmente nos consideramos merecedores somente daquilo que ganhamos (é óbvio que podemos receber valor de diferentes maneiras, não só dinheiro). Assim, tipicamente, focamos naquilo que ganhamos e reforçamos a crença de que é isso que merecemos, continuando a pensar e agir a partir desse nível limitado de valor, o que cria um nível similar, e o ciclo recomeça repetidamente. Mas e se conseguíssemos ignorar a necessidade de um motivo externo para nos sentirmos mais abundantes e entrássemos diretamente em um nível mais elevado de vibração? E se pudéssemos começar imediatamente a sentir e agir de forma a nos sentirmos mais valiosos?

Pouco tempo atrás, observei uma cliente minha, Sarah, fazer exatamente isso, em questão de poucos dias. Sarah é uma musicista incrivelmente talentosa — às vezes ela é contratada para tocar em eventos grandiosos e na abertura de shows de bandas famosas para ganhar até US$10 mil em uma noite. Apesar de estar contente com o sucesso, nos atendimentos que fiz com ela, notei que ela falava e fazia perguntas sobre sua carreira a partir de uma posição de receio, então perguntei a ela o que em sua vida estava trazendo seu valor para baixo. E descobri que nos últimos dez anos, embora ela fosse procurada para essas grandes apresentações e tudo indicasse que ela tinha uma carreira promissora, ela ainda se apresentava em um bar nos fins de semana ganhando uma quantia irrisória por noite.

Ficou óbvio para mim que a rotina de se apresentar em um lugar que a valorizava em um nível inferior ao que ela realmente pertencia representava um fator importante que criava nela um valor interno mais baixo. Ela tinha uma história com esse bar que a deixava receosa de pedir demissão — e que também a impedia de receber as incríveis possibilidades que se apresentavam. Por que alguém lhe pagaria mais se ela constantemente aceitava um valor menor para se apresentar e com isso transmitia ao mundo a mensagem de que era isso que ela valia? Não se trata de ir para um nível em que ela ganhe mais dinheiro; trata-se de expandir para o nível em que ela esteja no auge de sua criatividade, compartilhando seu dom com mais pessoas e fazendo algo que signifique "claro que sim" em seu corpo. Apresentar-se no bar era como tentar constantemente instalar o Windows 95 em um computador novo. Não havia apelo para a alma. Para ingressar em uma nova dimensão de alto valor, ela precisava abrir espaço para receber esse novo nível, desconectando-se daquilo que mantinha viva uma vibração velha.

Então, depois de debater a respeito por algum tempo, ela optou por tomar a decisão de largar o antigo emprego — abandonar aquela coisa rotineira que a deixava em sua zona de conforto sem que ela sentisse necessidade de crescer. Uma vez que abriu mão do velho emprego e da baixa vibração, sua autoconfiança subiu a mil.

Até seu modo de falar mudou, e ela adquiriu um novo poder, que ficava evidente quando se falava com ela. Uma semana depois, um agente com quem fazia três anos que ela queria trabalhar decidiu que queria representá-la, e de repente ela se viu em uma posição em que passou a receber ofertas cada vez melhores.

Sarah superou sua velha história relativa ao seu valor abrindo mão das coisas que lhe davam segurança e se transferindo para um campo de possibilidades mais extensas e empolgantes, e imediatamente seu valor se elevou às alturas. Hoje Sarah só aceita apresentações que sejam representativas desse novo nível de valor que ela passou a incorporar depois que superou o medo de correr riscos e criou um novo alinhamento interior com o gênio criativo que ela de fato é.

Quando você se liberta de coisas em sua vida que rebaixam seu valor interior e impedem seu crescimento, você naturalmente começa a se mover em direção a coisas que estão em um nível mais alto e que elevam seu valor. Você pode começar acordando cedo e fazendo ioga, em vez de assistir ao noticiário ou olhar o Facebook. Pode começar com uma alimentação mais saudável. Você conseguirá sentir as coisas que sustentam a antiga história e se moverá em direção às coisas que sustentam sua nova vibração. Pode ser, por exemplo, desligar a televisão e ler um livro. Pode ser meditar mais. Elevar seu valor tem a ver com mover-se em uma direção diferente e mais ampla do que a de ontem. Tem a ver com abandonar as coisas que reforçam sua velha e pequena visão do que você vale. É fazer as coisas que promovem seu crescimento e acabam com a história antiga de seu passado limitado. É passar o tempo de tal maneira que você se aproxime mais de si mesmo, ao invés de distanciar-se. Somente você pode saber quando isso está acontecendo ou como é esse sentimento de expansão. Esse é o processo de aprender a escutar o sentimento de expansão e segui-lo cada vez mais.

Quanto mais você começa a honrar esses sentimentos e se mover em direção às coisas mais leves, mais você começa a aumentar seu valor. Seu valor começará a crescer porque você está *se* valorizando mais. Você valoriza mais seu tempo, faz as coisas para as quais sua alma o chama e começa a ignorar o apelo vicioso da mente para velhos hábitos. O tempo é uma das poucas coisas das quais temos um suprimento realmente limitado. O modo como passamos nosso tempo é o maior testamento de quanto nos valorizamos. Se você passa o tempo conectando-se a si mesmo por meio da meditação e expandindo e descobrindo a infinita criatividade que tem, será muito difícil permanecer em um emprego que não lhe ofereça o nível de valor do qual você sabe que é capaz. Será bem difícil continuar em um relacionamento no qual a outra pessoa não valorize você tanto quanto você se valoriza. Será muito improvável que você consuma alimentos que não agregam valor ao seu corpo. À medida que você começa a realmente descobrir a magia do que você é sob aquelas crenças limitantes que dizem que você só vale uma certa quantidade de dólares por hora, a barreira começa a cair, e as circunstâncias, a mudar, para corresponder ao seu novo nível de valor. Você aumenta seu valor tornando seu tempo mais valioso. Você torna seu tempo mais valioso fazendo somente as coisas que te levam a se expandir, a mudar e a ir além do que você era antes.

Se você decide que é mais valioso do que passar três horas assistindo a vídeos no YouTube de gatinhos caindo de cima de geladeiras, e em vez disso efetivamente muda seu comportamento, você cria o espaço para algo mais valioso surgir naquele momento. Quem sabe, em vez de assistir ao YouTube, você comece a escrever um livro, ou crie seu próprio canal no YouTube, ou até um novo YouTube chamado NewTube, que provavelmente trará problemas logo no início por causa de questões legais óbvias. Basicamente, o que estou dizendo é: mexa-se como se seu tempo fosse temporário e o dinheiro não — porque é a verdade. Você tem um potencial ilimitado para ganhar dinheiro e um tempo limitado neste planeta. Se estiver usando seu tempo como se fosse infinito e enxergando o dinheiro como algo escasso, você está andando para trás.

Você pode escolher como usar seu tempo, e somente você pode determinar quanto ele vale. Se você acredita que é uma vítima da empresa onde trabalha por causa do salário que lhe pagam, você pode se dar um aumento instantâneo usando seu tempo para se conhecer mais profundamente e superando todas as barreiras internas que até agora serviram de bloqueio para que você se tornasse a mais incrível versão de si mesmo. Se você se dedicar mais a si mesmo do que aos outros, seu valor disparará. Não são as habilidades que são incríveis, você é que é. Alguém que tenha uma habilidade valiosa é uma grande coisa, mas alguém que esteja profundamente conectado consigo mesmo e capaz de se mover e evoluir para uma visão mais elevada a cada dia não tem preço. Nunca será a falta de habilidades que impedirá alguém de criar o resultado desejado — será a falta de conexão com o chamado da alma.

Eu já vi pessoas irem a seminários e workshops onde tudo o que faziam era aprender habilidade atrás de habilidade, mas como não estavam conectadas à alma, a mente delas estava obstruída com todas essas estratégias, e elas acabavam não as usando para nada. Não importa quantas vezes você me ensine a refazer o motor de um carro, se eu não tiver vocação para mecânica (e eu não tenho), provavelmente nunca aprenderei, motivo pelo qual eu dirijo um carro elétrico — eles não têm motor, creio eu. Enfim, se alguma coisa não for aquilo que inspirará seu próximo passo para a evolução, você terá uma sólida resistência e dificuldade para realizá-la. Entretanto, você pode aprender qualquer habilidade quando estiver se movendo da energia e do entusiasmo que surgem quando recorre ao seu chamado mais elevado.

Todos na minha equipe faziam muito pouca ideia de como realizar muitas das coisas que fazemos hoje em minha empresa; nós todos simplesmente sabíamos que nossa vocação era cocriar juntos. Como resultado de seguir esse conhecimento, cada pessoa da equipe floresceu e se tornou especialista nas diferentes áreas para as quais expandiram. Dan não tinha quase experiência nenhuma em edição de vídeo quando começou; hoje ele dirige equipes de filmagem de vinte pessoas em nossos eventos e cria fantasmas em CGI em nossos esboços. Kari nunca tinha produzido um evento antes de começar a trabalhar comigo, e agora é uma produtora mestre de eventos com milhares de participantes. Quando seguimos nossa vocação, todas as habilidades que precisamos vêm à tona. Agir a partir de um chamado da alma é deixar que a vida trabalhe através de você, de forma que você acaba fazendo as coisas sem esforço, e os resultados aparecem naturalmente. Dinheiro não é um chamado. Emprego não é um chamado. Sintonize-se com o chamado infinito e em constante evolução da sua alma, e o dinheiro virá.

Entenda que o dinheiro é o efeito colateral e um subproduto de encontrar o que você realmente procura. E o que você procura é *você*. Você procura seu próprio amor incondicional e sua aceitação. Procura sua paixão, sua criatividade. O dinheiro foi o efeito colateral de Oprah ter seguido em direção à paixão dela por ouvir e compartilhar as histórias das pessoas. Foi o efeito colateral de Jim Carrey ter se entregado àquele jeito brincalhão meio infantil e mergulhado de cabeça em sua criatividade artística. Quando você começa a desbloquear esses dons naturais que existem em você, fica tão encantado em ser você mesmo, que nenhuma quantia de dinheiro será capaz de convencê-lo a fazer outra coisa senão aquilo que seu coração deseja e faz você se sentir atraído. Quando você se sente assim, é quando o dinheiro chega. É um teste. É somente quando o dinheiro realmente deixa de ter importância que ele aparece. Sim, existem pessoas que ganham dinheiro manipulando outras pessoas, enganando outras pessoas e magoando outras pessoas — mas, ao fazer isso, elas sacrificam constantemente sua conexão com a alma e sua alegria. Mais cedo ou mais tarde, elas se sentirão cada vez menos felizes, porque estão fazendo coisas por medo e pelo ego, e o dinheiro ganho dessa forma normalmente não dura muito.

Neste novo paradigma, encontramos primeiro a conexão com nós mesmos, movemo-nos no sentido de sentir a alegria de nos expandir em nossa criatividade e trazemos verdadeiro valor para o mundo, em vez de tentar enganar as pessoas para ganhar dinheiro. Nesse espaço de autoconexão, as pessoas vão querer saber o que você tem. Vão querer trabalhar com você, serão atraídas pela sua evidente alegria e confiarão em você, porque você não está tentando obter algo delas. Pense em um vendedor de carros que não esteja tentando lhe vender um carro, mas, sim, que esteja tão conectado consigo mesmo e seja tão seguro internamente, que dê a você seu verdadeiro valor e queira o que é melhor para você — mesmo que isso signifique perder a venda. Será muito mais provável que você acabe comprando o carro, porque não se sentirá manipulado ou pressionado.

Existe todo um novo grupo de pessoas que enxergam além do superficial e desejam se conectar com pessoas que também estejam autenticamente conectadas consigo mesmas e com o momento presente. A principal coisa que você tem para oferecer às pessoas é a sua conexão com o momento. Mesmo que você esteja vendendo outros produtos ou serviços, o que realmente as pessoas querem é a sua conexão com o momento, com você mesmo, com a verdade infinita do que você realmente é.

O Sr. Rogers não tem preço. Ele vale muito mais que dinheiro. Ele trouxe algo atemporal para o mundo, e fez isso sendo compassivo, paciente e amoroso. Fez isso se conectando consigo mesmo e estando intensamente presente em cada momento e com cada pessoa e criança com quem ele interagiu. Recentemente eu soube que ele meditava por duas horas todas as manhãs. Essa prática de conectar-se a si mesmo e ao momento é do que todos nós precisamos, pois temos a possibilidade real de criar um valor infinito dentro de nós. Todos nós temos exatamente o mesmo potencial do Sr. Rogers, ou de Michael Jordan, ou da Oprah... e nossa função é fazer com que nosso valor não tenha preço. É nos tornarmos mais valiosos que o dinheiro. É nos conectarmos e encontrar um valor, uma presença e uma contribuição para o mundo que vá além do dinheiro. Quando você vai além do dinheiro e cria uma conexão consigo mesmo e com o momento, entra em um fluxo ilimitado de abundância.

O "fluxo de abundância" não é apenas uma expressão com sonoridade bonita — *é uma coisa real*. É o batimento do coração, o crescimento do cabelo, o brilho do sol, o cultivo das plantas. É uma energia criativa que anseia por se mover no mundo de uma maneira poderosa. Se você não se encaixa naquilo que você é e não deixa essa energia fluir, você a bloqueia. Você se torna um obstáculo para a vida. Ela quer fluir através de você, mas se suas crenças mentais estagnadas ficam no caminho, você entra em conflito com esse fluxo. Por isso você fica estressado, por isso se preocupa. Por isso se ilude e acredita que não é suficientemente bom ou inteligente ou criativo. Tudo isso é bobagem. É uma mentira que foi incutida em seu cérebro por um mundo ao seu redor que perdeu a conexão com o fluxo abundante e amoroso. Esse mundo precisa muito de você. Precisa que você o liberte da falta de fluxo, dos bloqueios e limitações, da ilusão. Esse mundo precisa que você viva e seja um exemplo do fluxo abundante que traz à tona ideias instigantes e novas revelações.

Não faz muito tempo, atendi uma pessoa que bloqueava esse fluxo abundante em sua vida por causa dos padrões de limitação e carência.

Recentemente senti vontade de realmente aprender a tocar piano direito, então fiquei animado com a ideia de me comprometer a ter aulas de piano todos os dias, por seis meses. Procurei no Google professores de piano na minha região e liguei para o primeiro que apareceu. Conversamos um pouco, falei para ele quem eu era, e ele ficou todo entusiasmado, porque conhecia meu trabalho e estava começando a tentar trazer essas mudanças para sua vida. Ficou inspirado e viu a oportunidade como uma enorme sincronicidade, já que estava procurando novos alunos e querendo mudar sua vida. Até aí, tudo bem.

Dois dias depois, ele veio a minha casa — já em um astral bem diferente. Parecia meio irritado, reclamando de como a vida é difícil, e por alguma razão começou a me contar sobre todas as pessoas que lhe devem dinheiro. Ofereci a ele algumas perspectivas das coisas que eu conseguia enxergar em torno das questões que ele havia levantado, mas ele não estava interessado em ouvir. Ele estava em uma vibração tão baixa, que comecei a hesitar sobre trabalhar com ele. Mas como já tinha marcado a primeira aula, começamos assim mesmo, e ele me perguntou quais metas eu pretendia alcançar no curso de piano. Mostrei a ele algumas músicas que gostaria de tocar, e ele me disse que era muito difícil e que eu não conseguiria tocar daquele jeito tão cedo. Mesmo eu sabendo que tudo é perfeito e que nada é por acaso, não foi uma aula encorajadora.

Muito bem, fizemos a aula, e eu o paguei via PayPal. Pouco tempo depois, recebi uma mensagem irritada dele, reclamando de uma taxa de US$2,50 que ele tinha de pagar à PayPal para receber o dinheiro. O que ele não se lembrou enquanto reclamava foi que eu havia dito que pretendia ter aulas *todos os dias* nos próximos seis meses. Eu ia em breve entregar a ele um cheque de milhares de dólares para pagar mais de cem aulas. Mas depois da experiência daquela primeira aula, compreendi que provavelmente não haveria alinhamento entre nós para interagirmos por um prazo tão longo. Era impressionante para mim que ele tivesse se queixado de problemas de dinheiro e se concentrasse na taxa de US$2,50 enquanto ignorava a considerável quantia de dinheiro que poderia ter ganhado se estivesse realmente presente no momento que ele estava vivendo. O dinheiro estava tentando chegar até ele, e tudo o que ele tinha a fazer era recebê-lo.

Isso tudo foi um pouco chocante para mim, mas me fez pensar em quantas vezes em minha vida perdi oportunidades que estavam bem na minha frente e que foram bloqueadas pela minha consciência limitada. Pergunte a si mesmo: quantas vezes você não estava preparado para receber o que a vida estava tentando lhe oferecer porque estava preso em uma história de carência? Consegue se lembrar de alguma vez em que a vida estava tentando lhe oferecer paz, mas você escolheu discutir com um ente querido? Ou se lembra de alguma vez em que sua criatividade poderia ter fluido através de você, mas você estava concentrado em ficar estressado por causa de alguém que o interrompeu? Ou de alguma ocasião em que você poderia ter ligado para alguém com quem não falava há algum tempo, mas, em vez disso, ficou pensando no que seu (sua) ex estava fazendo? E o que está tentando acontecer agora? Que possibilidade ou criatividade ou perdão está tentando alcançar você neste exato instante? Você está receptivo, ou está focado em um problema que pode deixar de existir se parar de pensar nele?

Esse fluxo de abundância está aguardando para levar cada um de nós para um novo nível de liberdade, tão logo nos livremos dessas limitações inconscientes que nos mantêm ancorados aos nossos problemas, mas primeiro temos de mudar nosso valor fazendo um verdadeiro trabalho interno. Não se trata de mudar para se tornar um espaço que receba mais abundância — trata-se de mudar para ser para os outros um reflexo do que eles realmente são, para que assim possamos parar de competir uns com os outros e sentir o fluxo de energia conectado que somos. As pessoas não discutirão por causa de coisas insignificantes, nem magoarão, manipularão ou ferirão o outro se realmente sentirem o fluxo de abundância. É nessa capacidade de oferecer alguma coisa para de fato servir ao próximo que você se torna incrivelmente valioso e traz ao mundo algo de que ele precisa.

Exercício: Aumente Seu Valor Agora Mesmo

Aprenda a ensinar muito bem a tocar piano e então me ligue. Eu ainda preciso de um professor. Além disso, mantenha-se por um tempo na vibração de ser merecedor de uma quantia considerável de dinheiro. Eu recomendo que você faça isso por uma hora, mas deixo que você decida por quanto tempo. Saiba que, quanto mais tempo você fizer o exercício, mais eficaz ele será, por isso escolha a quantidade de tempo com base em quanto você quer elevar seu valor. Então, apenas se sente, respire fundo e visualize como seria, e quem você teria de se tornar para merecer um monte de dinheiro (a quantia deixarei por sua conta, mas crie um valor que seja animador e bem maior do que você se considera merecedor neste momento).

Não pense em como você poderia ganhar esse dinheiro; em vez disso, experimente sentir como seria ter evidências completas na vida real de que você vale tudo isso. Deixe de lado o "como" e apenas sinta. Também não estou dizendo para imaginar como seria ter milhões de dólares, ou a casa onde você moraria, ou o carro que compraria, somente para perguntar a si mesmo como seria receber essa grana. Você pode descobrir inicialmente que seria excitante, depois achar que seria um sentimento calmo, normal — é isso que estamos procurando, que seja algo normal você ganhar muito dinheiro. É neste ponto que você começa a pensar, agir e mover-se como alguém que agrega valor ao mundo — e quando a evidência de seu novo valor começa a aparecer em toda parte a sua volta.

CAPÍTULO 7

AS HELENAS

A esta altura você pode estar dizendo: "Chega de conversa fiada, Cease. Eu preciso de exemplos práticos da vida real." Não precisa ser agressivo; este é um livro simpático... neste capítulo lhe darei um exemplo da vida real de como aumentar seu valor interior pode mudar os resultados, tanto internos quanto externos. Não é exatamente um exemplo da vida real porque é um cenário imaginário criado por mim, mas, mesmo assim, será útil.

Vamos imaginar três pessoas. Vamos chamá-las de Helena nº 1, Helena nº 2 e Helena nº 3... não, assim fica meio bobo e é confuso... vamos chamá-las de Helena A, Helena B e Helena C.

Agora imagine que oferecemos a cada Helena um milhão de dólares. E imaginemos que cada Helena esteja partindo de um mesmo patamar, financeiramente falando. As três têm habilidades semelhantes, estão na mesma faixa de idade e, a não ser por algumas diferenças filosóficas que descobriremos depois, têm a mesma capacidade intelectual — talvez por isso todas se chamem Helena.

Então, Helena A recebe seu milhão de dólares e fica toda entusiasmada, como você pode imaginar. Ela imediatamente pede demissão do emprego e aluga um imenso apartamento de luxo para poder dar uma festa atrás da outra. Compra um automóvel conversível, renova o guarda-roupa, compra uma estátua gigante do Kid Rock e uma porção de joias. Ao final de um ano, Helena A se divertiu bastante, mas não evoluiu muito. Além disso, ela já gastou cerca de metade do dinheiro (só a estátua do Kid Rock custa por volta de US$250 mil).

Helena B, por sua vez, aprendeu alguns princípios básicos de investimento e frequentou inúmeros seminários grátis sobre finanças no hotel Courtyard by Marriott local. Logo no início, ela já se mostra bem esperta com seu dinheiro. Não pede demissão do emprego e, com exceção de pagar algumas dívidas e fazer algumas compras úteis, investe o dinheiro para o futuro. Digamos que ela aplique quase todo o dinheiro em um investimento seguro que garantirá um rendimento de 10%, o que é fantástico. Inteligente, certo? Ao final de um ano, Helena B tem um pouco mais de dinheiro do que tinha no começo, uma nova sensação de segurança e planos para longo prazo. Assim como Helena A, ela não expandiu muito, embora seu dinheiro sim.

Vejamos agora Helena C. Helena C leu este livro, sabe que eu posso levantar mais ou menos 180 quilos e entende que a conexão consigo mesma é seu bem principal. Ela decide usar seu milhão de dólares somente de maneiras que a ajudem a expandir. Como o emprego dela não é bem aquilo que ela ama, Helena C pede demissão, igual à Helena A. Entretanto, em vez de dar festas e comprar estátuas caríssimas de celebridades dos anos 1990, Helena C usa o tempo livre para aprender mais sobre si mesma. Ela faz uma viagem de mochila nas costas pela Europa, porque era um sonho que sempre teve. Ela aprende tanta coisa sobre si mesma e sobre o mundo, que, quando volta, sente-se outra pessoa.

Com essa nova sensação de liberdade, Helena C começa a usar seu tempo para meditar, fazer ioga e ficar em forma. Ela contrata uma personal trainer e uma nutricionista e se sente mais saudável que nunca. À medida que se sente cada vez melhor, ela começa a ter mais energia. Sente-se animada e inspirada em diferentes áreas de sua criatividade. Começa a fazer aulas de pintura e de dança, e continua viajando para novos lugares. Decide começar um negócio próprio que reúna todas as suas verdadeiras paixões. Por parecer inspirador, ela usa o dinheiro para iniciar um podcast e um canal no YouTube, para compartilhar todas as dádivas e mensagens que ela tem recebido. Ela também investe dinheiro contratando pessoas para trabalhar nas áreas do negócio que ela não adora, para que possa passar mais tempo fazendo o que gosta. Ao final de um ano, Helena C gastou e investiu quase metade do dinheiro para abrir um negócio que *alimenta sua alma* e está se sentindo mais viva que nunca.

Então, pelo que você sabe das Helenas, qual delas vai ganhar? Brincadeira... Não há vencedores nem perdedores aqui; estamos todos seguindo nossa jornada. O que quero dizer é, quem é a melhor? Estou sendo sarcástico. O que estou dizendo é, quem é uma pessoa muito melhor do que as outras duas patetas?

Falando sério, no final do primeiro ano, você pode ver que Helena A tomou algumas decisões de curto prazo que provavelmente a deixarão completamente sem dinheiro em poucos anos. Por mais que seja extremamente fácil perceber isso, ainda é o que muitos fazem. É comum escolher o prazer egoico de curto prazo, da televisão, fast-food ou álcool — ou seja o que for que nos proporcione um conforto momentâneo —, mas não conseguimos ver quanto isso nos custará no longo prazo. Não nos custa somente dinheiro; custa nossa conexão com nós mesmos e a capacidade de descobrir quais benefícios poderíamos realmente trazer para o mundo.

Portanto, Helena A está seguindo por um caminho que provavelmente causará certa dose de sofrimento no futuro. Mas tudo bem — ela é uma ótima moça; tenho certeza de que se recuperará.

Helena B, por outro lado, fez algo que a maioria das pessoas consideraria extremamente responsável, disciplinado e focado. Ela planejou em longo prazo e criou segurança financeira — e isso é ótimo. Porém, quando você começa a comparar Helena B e Helena C, não fica tão óbvio qual das duas está no caminho da verdadeira abundância. Helena C tem menos dinheiro que Helena B ao final do primeiro ano, e não tem um plano tão concreto, mas está começando a explorar algo mais gratificante, que expande a alma, e possivelmente bem mais valioso que os 10% que Helena B está recebendo de volta. Helena B está garantindo a segurança de seu dinheiro, mas Helena C está *mudando como ser humano*.

Helena C está avançando de uma forma que já descobri que se compensa repetidamente — ela está *investindo em si mesma*. É assim que minha empresa basicamente duplicou a cada ano, por cinco anos. Seguir minha paixão e investir em minha criatividade está gerando resultados muito maiores — não só em termos de satisfação, mas literalmente em dólares e centavos — do que eu poderia obter em um banco, ou no mercado de ações, ou na compra de imóveis. Em vez de ser uma manta de segurança, meu dinheiro é o combustível de minha criatividade, e eu o uso como uma ferramenta que me impulsiona para um nível mais alto de valor. Toda vez que dou um salto, fazendo algo como assinar um cheque para um pagamento vultoso de um aluguel de teatro ou de alguma produção, eu me forço a mudar para um novo canal de pensamento, para descobrir soluções melhores — porque criei algo que é um apelo maior para mim. Quando invisto em minha criatividade, eu me nivelo mais comigo mesmo. Isso me leva para frente, leva esta mensagem adiante. Preenche minha alma e me alinha mais profundamente com algo bem mais seguro do que a garantia de juros.

Agora eu pergunto: qual das Helenas estaria melhor se o sistema monetário sofresse um colapso e todos os valores no banco fossem zerados? Todos podemos ver que Helena A estaria enroscada... e que Helena B estaria de volta à estaca zero... mas Helena C ainda teria alguma coisa. Ela teria experiência. Teria crescimento. Teria a saúde renovada. Teria uma nova conexão e insight de si mesma que provavelmente a levaria a um novo nível de valor, mesmo em meio ao caos frenético de um mundo sem dinheiro.

Ao realizar o trabalho interior, Helena C começa a criar confiança e autoconexão — o que ela faz é iniciar o processo de elevar sua vibração. Eu sei que usar a palavra *vibração* me faz parecer um hippie, mas é o melhor termo que consigo encontrar para descrever o que acontece. Não tentarei explicar o lado científico aqui, até porque eu não saberia, mas tive uma experiência muito óbvia em minha vida de me transferir gradualmente de uma baixa vibração, em que eu me sentia preso nas circunstâncias de minha vida, para uma vibração mais elevada, repleta de liberdade e possibilidades. Eu descobri que as pessoas mais valiosas, e as pessoas com quem acabo trabalhando, são as que vivem em uma vibração mais elevada, das quais não é preciso fazer esforço algum para estar por perto.

A vibração de uma pessoa não é medida pelo grau de instrução ou pela experiência que ela tem; tem a ver com quão conectada consigo mesma ela está. Aquelas que têm uma vibração mais elevada enxergam seu próprio valor em um nível mais alto; são menos codependentes dos outros, não puxam os outros para baixo quando estes tentam puxá-las para cima; têm um sistema de orientação interno, e o Universo flui através delas de uma maneira poderosa. É nessa vibração que o valor está. Conforme você investe mais nas coisas que elevam sua vibração e te colocam em um nível mais alto de alinhamento, o dinheiro passa a se mover em uma circulação universal, e você se torna um espaço seguro e óbvio para a vida continuar a enviar abundância em sua direção. Este planeta está evoluindo para uma vibração mais elevada de amor, generosidade, compaixão, contribuição — quanto mais você estiver em sincronia com essa vibração, mais a vida verá você como um colaborador para ela evoluir e lhe oferecer os recursos que você precisa para causar o maior impacto possível.

Eu sei que isso é um exemplo, essas pessoas ganhando um milhão de dólares, que você pode não ter, mas com o dinheiro que você tem, ou receberá, quais são as coisas em que está investindo? São aquelas da Helena A, coisas que proporcionam prazer e alegria por algum tempo, mas acabam custando em longo prazo? Doritos, mídias sociais, cafés, revistas, cigarros, videogames, cerveja, carros de luxo — todas essas coisas parecem uma boa ideia em um primeiro momento, são coisas de que todo mundo gosta, mas ao longo do tempo acabam custando mais do que pagamos por elas e não são coisas que sirvam para nos aproximar de nós mesmos. Muitas coisas nas quais investimos por serem viciantes não só nos levam a nos desconectar de nós mesmos e não nos ajudam a crescer, como também representam custos ocultos, porque estragam os dentes, fazem mal ao corpo, precisam de seguro etc., etc. E se você não tem dinheiro, o que está fazendo com o seu tempo? Todos nós temos a mesma quantidade de tempo. Você está gastando seu tempo de uma maneira que te ajude a mudar e a tornar-se mais valioso, ou está fazendo algo que o deixe entorpecido? Está fazendo como Helena A?

Ou pode ser que você esteja investindo em coisas como Helena B, que o ajudarão a se sentir mais seguro externamente, mas não o expandirão. Lembre-se, não importa quanta segurança externa você crie, não pode criar a verdadeira liberdade a menos que crie também segurança interna, que leva à expansão, ao crescimento, e faz com que você saia da concha de sua velha história. Muitas vezes esses investimentos externos podem se tornar um vício que passa a *comandar você* porque você acha que são a única fonte de segurança.

Muitas coisas da Helena C — como meditação, exercício, natureza, alimentação saudável, viagens, aulas, funcionários — são coisas que também podem ter um custo (embora muitas não tenham), mas acabam compensando, pagando-se repetidamente ao longo do tempo de muitas maneiras diferentes. Essas são as coisas que te expandem — elas levam você para o alto, mais para cima, e te ajudam a se encaixar naquilo que você realmente é. Essas são as coisas que criam verdadeiro valor. São as maneiras pelas quais você prova o quanto se valoriza e como declara para o Universo que você merece a abundância que ele tem a oferecer.

Algumas pessoas podem achar que não fazer algumas das coisas da Helena A que estamos mencionando aqui deixaria a vida vazia de diversão e prazer, mas pergunte a si mesmo: que tipo de prazer você realmente obtém dessas coisas? Pela minha experiência, normalmente é um pico rápido de euforia seguido por depressão, porque você está procurando felicidade em coisas externas, e quando elas acabam, você precisa de outra coisa para substituir. Algumas coisas da Helena C podem não proporcionar uma euforia imediata, mas recompensam com um tipo de alegria consistente e de longo prazo que se constrói sobre si mesma dia após dia. É o transferir-se do momento rápido de distração para a alegria fundamentada e de longo prazo que advém de honrar a si mesmo e seu verdadeiro valor nas coisas que você escolhe fazer.

Quando você gasta todo seu dinheiro em distrações viciantes, não cresce e ainda arruína seus dentes. Quando você guarda todo seu dinheiro no banco, ele cresce um pouquinho a cada ano, lhe dá a ilusão de segurança, e seus dentes permanecem bons. Quando você investe seu dinheiro em si mesmo e em descobrir o que realmente é, investe em expansão universal, um sorriso perfeito e evolução da alma — que, como você pode imaginar, dá um retorno um pouco melhor do que o mercado de ações (que também oscila a todo momento).

Lembre-se, não é que seja ruim investir no mercado de ações e de imóveis, ao contrário, mas quando você faz isso, investe também no que outras pessoas fazem. Há alguns aspectos do mercado de ações sobre os quais você não tem controle. Se você está fazendo um trabalho de crescimento, sua inovação e criatividade aumentam cada vez mais, e se você se mover como Helena C, estará investindo em algo que cresce exponencialmente. Não há possibilidade de colapso quando você investe em si mesmo e gasta seu tempo e dinheiro de maneiras que te façam expandir. É claro que pode acontecer de você ter um projeto que não ocorreu como o planejado, mas se você confia em sua orientação e evolução, descobrirá, em cada aparente fracasso, algo que, na verdade, te leva para um nível mais alto. Um grande salto que dei em minha empresa foi alugar um teatro de 1.400 lugares, apesar de até então só termos tido eventos de até 200 pessoas. Nossa intenção era realizar o evento e também oferecer à audiência a oportunidade de trabalhar comigo em pequenos grupos, em retiros de uma semana. No meio do evento, tive uma forte intuição de que não deveríamos fazer esses retiros, porque significaria ficarmos comprometidos a trabalhar com somente algumas pessoas de cada vez, então mudamos de ideia e acabamos perdendo uma quantidade considerável de dinheiro no evento. Isso poderia parecer um fracasso para quem olhasse de fora, mas logo eu soube que estava nos mostrando algo maior do que tínhamos visto antes e abrindo para nós uma nova oportunidade. Na semana seguinte, com o tempo livre que agora tínhamos, pois não haveria mais os retiros, minha equipe e eu tivemos a ideia de colocar alguns vídeos diferentes no Facebook, e um deles viralizou e teve em torno de 50 milhões de visualizações. Isso lotou nossos dois eventos seguintes quase imediatamente e nos levou a um nível inteiramente novo de impacto. Como o dinheiro para o evento inicial foi investido em mim e minha equipe, em vez de no mercado de ações, o que a princípio parecia uma perda acabou rendendo, pelo menos, cem vezes mais depois.

Então, em vez de investir tempo e dinheiro em coisas externas, comece a procurar maneiras de investir em seu crescimento interior. Comece a se mover em direção a coisas que o impulsionem e o levem a uma vibração mais elevada. Comece a reparar na diferença entre como você se sente fazendo as coisas que Helena A faz, versus as de Helena B e versus as de Helena C. Veja o que acontece em apenas um dia quando você se move com a intenção de abastecer seu crescimento interior mais do que sua necessidade viciante de uma sensação imaginária de segurança externa — isso pode mudar tudo.

Exercício: Em Termos de Helena, o que Você Tem Feito?

Está na hora de você fazer um exercício que o forçará a ser bem honesto consigo mesmo. Se você realmente deseja saber onde está gastando seu tempo e dinheiro, pegue o extrato do cartão de crédito e olhe as despesas do último mês. Observe cada compra que você fez e marque se é uma compra Helena A, Helena B ou Helena C. A título de lembrete, se foi uma despesa Helena A, foi algo que você comprou para fins de entretenimento ou para entorpecer alguma coisa dentro de você e que não contribuiu para seu crescimento em longo prazo, talvez até o tenha levado para mais longe disso. Se foi alguma coisa Helena B, talvez tenha sido um investimento maior na aposentadoria, ou uma ou mais parcelas de um financiamento, ou algo parecido. Se foi Helena C, foi um investimento de longo prazo no seu crescimento, como alimentação saudável, uma aula empolgante, um workshop, ou algo que te libertaria para agregar um valor maior ao mundo. Se você classificar as despesas de seu cartão de crédito como dinheiro A, B ou C, perceberá uma nova consciência de onde estava colocando sua energia no passado e abrirá uma oportunidade incrível para mudar seus hábitos. Eu entendo que este pode não ser seu exercício predileto — porque examinar o extrato do cartão de crédito não costuma ser uma coisa empolgante —, mas confie em mim, trará um novo nível de entendimento e clareza para como você pode começar a usar seu dinheiro e seu tempo como uma ferramenta poderosa para sua expansão.

CAPÍTULO 8

OS "10"

Uma das principais coisas que mudarão o modo como você gasta seu tempo e dinheiro e o levarão a um nível de valor mais elevado é começar a se conectar mais com a orientação de seu corpo. Quando eu digo corpo, eu me refiro àquela parte sua que é intuitiva e conectada a sua pessoa como um todo — não apenas à sua mente. Você pode chamar também de "eu superior" ou outra infinidade de nomes, mas eu digo *corpo* porque, quando estou em uma vibração elevada, sinto minha consciência se espalhar da minha mente para o corpo todo, e até para o espaço a minha volta, de certa forma. Esse espaço de consciência que vai além dos nossos hábitos mentais nos leva constantemente em direção a nossa expansão e à visão de uma perspectiva de ganho além do curto prazo. Ao nos movermos dessa forma, automaticamente tomamos decisões e usamos nosso dinheiro e nosso tempo fazendo coisas que nos ajudam a crescer e a nos aproximar de nossa criatividade natural e de nosso valor. É dessa consciência mais profunda que vem a verdadeira abundância.

O único problema é que vivemos em um mundo que nos induz a raciocinar mais com a mente e nos desconecta de nosso corpo e da plena consciência do que somos. É desse modo que as empresas conseguem nos vender coisas das quais não precisamos.

O marketing, de forma geral, é projetado para fazer você se sentir incompleto se não comprar o produto que estão lhe impingindo, o que pode, de fato, fazer você se sentir desconectado. Por consequência, muitas pessoas estão acostumadas a comprar acessórios de ginástica, cobertores com mangas e outras coisas de que, na verdade, não precisam — e gastam seu tempo de maneiras que sufocam sua criatividade, em vez de estimulá-la. Se você está neste momento discutindo internamente comigo que um cobertor com mangas é o máximo, apenas pense que, na realidade é um roupão de trás para a frente. Você não precisa de um roupão de trás para a frente. Nem de roupão você precisa, se pensar bem — simplesmente se seque e vista uma calça.

O ponto aonde quero chegar é que muitas coisas que fazemos por hábito são apenas coisas que aprendemos a fazer no passado, de um lugar desconectado. Por exemplo, se eu pensar em fazer algo como comer uma porção de burritos, posso perceber como essa ideia parece empolgante em minha mente e prever a sensação boa de comer os burritos. Também posso sentir em meu corpo que é apenas um vício do passado que minha mente persegue e que não seria gratificante em longo prazo. No entanto, se eu pensar em algo como praticar meditação, garanto que isso, para minha mente, se afigura como a morte, mas para meu corpo é expansão. Não existe garantia do que obterei com a meditação; existe apenas um sentimento sutil que me guia em direção aos resultados que estão além do que posso ver com a mente. Minha mente pode ver com facilidade o pico instantâneo de alegria que eu obteria ao comer burritos porque isso faz parte da minha velha história — minha mente sabe o que acontece porque já fiz isso centenas de vezes. Já comi centenas de burritos, e curiosamente, quando eu terminava, não era nada tão sensacional, mas por alguma razão minha mente ainda quer o resultado previsível, instantâneo e efêmero de comer um delicioso burrito. Minha mente não consegue ver todos os resultados da meditação, talvez porque os possíveis resultados que poderão ocorrer estão *além* da minha velha história e são completamente desconhecidos.

Não poderemos criar um futuro que seja mais abundante, mais livre ou mais gratificante se continuarmos repetindo os mesmos hábitos que aprendemos no passado. É aqui que entra grande parte do verdadeiro trabalho. Muitas vezes, temos de passar pelos momentâneos sentimentos de dor provenientes da interrupção de nossos padrões habituais para ingressar em algo novo. É como dirigir a vida inteira em uma estrada asfaltada e de repente perceber que essa estrada não leva aonde você deseja ir e ter de virar para uma estrada de terra. No primeiro momento, parece mais fácil e mais confortável continuar na estrada asfaltada, mas você nunca chegará aonde deseja se não sair dela.

Portanto, em vez de tentar decidir vagamente se alguma coisa é expansiva ou restritiva, vamos decompor e classificar em que grau de empolgação você ficaria diante de algumas diferentes atividades. Vamos usar uma escala de 1 a 10. Eu sei que existem outras escalas além de 1 a 10, mas já testei, e a de 1 a 10 é a melhor para este exercício. A escala dos polegares para cima ou para baixo foi um desastre. Um desastre absoluto. O sistema de 4 e 5 estrelas é muito demorado e confuso. A escala do bigode não faz sentido porque não existe. A escala de 1 a 10 é o melhor sistema, confie em mim.

Lembre-se, o propósito aqui é sentir o que é empolgante da perspectiva de todo o seu ser, além de sua velha história. O que estamos procurando saber é quais atividades te levam a um nível mais elevado que aquele em que você está, para uma nova dimensão de crescimento que pareça ser interessante, e talvez até um pouco assustadora. Fique atento à diferença entre o que é empolgante, excitante ou interessante para o seu corpo porque é expansivo, e o que é empolgante, excitante ou interessante porque é um hábito. Consumir bebida alcoólica pode ser interessante para a mente de algumas pessoas porque é um hábito, mas, no fundo, provavelmente não é interessante para o corpo delas.

Dos 12 aos 34 anos, fui um comediante stand-up. Eu me apresentei em clubes de comédia a maior parte da minha vida — e recebi muito amor por lá. Para mim, ir a um clube de comédia era fácil e divertido, mas não era expansivo. Serviu ao propósito enquanto durou, mas já não me leva além. Há várias razões que eu poderia dar para justificar por que eu deveria me apresentar em um clube de comédia — o amor e a atenção que recebo, a diversão, o dinheiro imediato —, mas eu estaria em conflito com a evolução em longo prazo para a qual meu sistema de orientação me guia.

Uma coisa que descobri é que, se você justifica ou explica *por que* está fazendo uma coisa, é porque essa coisa não é "10". As coisas que eu realmente quero ter e fazer na minha vida não precisam de justificativa. Eu não justifico o que eu faço para viver, ou por que tenho uma família; instantaneamente eu sei que são "10". Se eu dissesse "Minha noiva, Christy, não é uma maravilha, mas, pelo menos, ela tem um bom convênio médico", isso significaria que eu provavelmente não quero de fato estar com Christy. Por sorte, eu quero estar com ela sem ter de justificar, e o fato de ela ter um bom convênio médico é um bônus. Brincadeira... ela nem tem convênio.

Nós justificamos tantas coisas em nossa vida, que nem nos damos conta. Justificamos por que está tudo bem as pessoas nos tratarem mal dizendo coisas como "Eu sei que não foi por mal". Justificamos por que moramos em um lugar de que não gostamos dizendo coisas como "Mas fica do lado de um restaurante mexicano". Normalmente justificamos as coisas porque ignoramos o que nosso corpo realmente sente a respeito delas. Você pode ter noção de que um emprego insatisfatório é "1" em seu corpo, mas sua história habitual tem medo de perder dinheiro, então você justifica mentalmente o motivo pelo qual permanece no emprego. Este exercício é sobre escutar o seu corpo e largar as justificativas que sua mente adora criar.

Assim, 1 sendo a menos empolgante para o seu corpo, e 10 a mais empolgante, verifique esta lista de atividades hipotéticas, uma por uma, sem considerar custo ou outros detalhes. Apenas sinta em seu corpo quão empolgante seria realizá-las e escreva ao lado de cada uma um número de 1 a 10.

Malhar com um personal trainer _____

Dormir tarde _____

Levantar-se ao nascer do sol _____

Pintar _____

Ir trabalhar _____

Limpar a casa _____

A ILUSÃO DO DINHEIRO

Contratar uma diarista _____

Meditar por uma hora _____

Ter uma alimentação saudável _____

Assistir à Netflix _____

Fazer caminhada _____

Comer burritos _____

Comprar roupas novas _____

Doar roupas que não usa _____

Conhecer pessoas novas _____

Saltar de paraquedas _____

Ficar no Facebook _____

Escrever um livro _____

Viajar para o exterior _____

Beber álcool _____

Comer chocolate _____

Nadar _____

Sair para jantar com o(a) melhor amigo(a) _____

Comprar um carro novo _____

Doar mil dólares para a caridade _____

Aprender a dançar _____

Fazer a dieta do suco _____

Começar a fumar, ou continuar a fumar _____

Aprender um idioma _____

Começar um novo negócio _____

Os "10"

Limpar a geladeira ⎯⎯⎯

Beber café ⎯⎯⎯

Fazer ioga ⎯⎯⎯

Beber mais água ⎯⎯⎯

Viver na natureza ⎯⎯⎯

Aprender a tocar um instrumento ⎯⎯⎯

Comer batata frita ⎯⎯⎯

Ir correr ⎯⎯⎯

Começar um canal no YouTube ⎯⎯⎯

Plantar um jardim ⎯⎯⎯

Dirigir no trânsito ⎯⎯⎯

Ligar para um velho amigo ⎯⎯⎯

Fazer uma aula em uma faculdade comunitária ⎯⎯⎯

Mudar o estilo do cabelo ⎯⎯⎯

Ler esta lista inteira e depois decidir fazer o exercício ⎯⎯⎯

Tudo bem, ótimo. Como eu disse, não há respostas certas para essas perguntas. É apenas um exercício para ajudar você a começar a escutar aquela sua parte que te chama para ir além do que você é. Nós nos aprofundaremos ainda mais neste ponto no próximo capítulo, mas pense por um momento e pergunte a si mesmo se havia algo na lista que lhe causou entusiasmo mental, mas que você sabia, em seu corpo, que não te levaria para uma expansão mais elevada. Se havia, saiba que *essa é uma percepção incrível*. Compreender a diferença entre esses dois sentimentos é um meio importantíssimo para realmente começar a elevar seu valor e alcançar a verdadeira abundância.

À medida que fazemos mais coisas por um chamado expansivo, em vez de por vícios habituais, nós naturalmente nos vemos em situações que correspondem à expansão. Se nos movemos na direção de antigos hábitos da mente, nossas circunstâncias começam a encolher. Se você deseja mais abundância, mais liberdade, mais alegria, mais contribuição e mais satisfação, precisa abandonar as coisas que estão ocupando espaço em sua vida e fazendo com que você se apegue ao seu antigo e limitado jeito de ser. Você precisa remover essas coisas que bloqueiam sua conexão e sua criatividade. Precisa entrar no desconhecido.

> ### *Ação: Deixar Abraham Lincoln Orgulhoso*
>
> *Se você não fez o exercício neste capítulo, aqui vai um lembrete e uma oportunidade para você voltar lá e fazer. Só para você saber, Abraham Lincoln sempre fazia os exercícios sugeridos nos livros que ele lia. Por isso ele acabou tendo uma barba tão incrível.*

CAPÍTULO 9

GRAU MÉDIO DE ALINHAMENTO

No capítulo anterior, você classificou algumas coisas *teóricas* que poderia fazer. Neste capítulo, falaremos com sinceridade sobre todas as coisas que você *realmente* tem feito nos últimos tempos e iremos também classificá-las. Isso é importante. É um inventário em tempo real do grau em que você está se transformando no que realmente é. Pense nisso como outra forma de julgar o patrimônio líquido de alguém. Imagine se você fosse solicitar um financiamento para comprar um imóvel e o banco não levasse em conta somente seu saldo e sua renda, mas também como está seu alinhamento com o chamado de sua alma... E se sua linha de crédito fosse concedida de acordo com a quantidade de "10" que você obtém de suas ações? Não sei ao certo como eles calculariam isso, portanto, não deverá acontecer tão cedo, mas é interessante pensar a respeito.

Lembre-se, um "10" é aquilo que te alinha ao que você de fato é. Tudo o mais apenas mantém viva sua velha história. O Universo está constantemente em "10", é a definição de "10". Ele se cria e expande e se move para a versão mais elevada de si mesmo, a cada instante. Muitas pessoas neste mundo se sentem desconectadas e deprimidas porque não estão em congruência com a expansão do Universo. Não permitem que o fluxo da vida esvazie o passado estagnado ao qual estão apegadas. Transformar-se em um "10" força a pessoa a se encontrar, à medida que tudo o que não é "10" é descartado. Os "10" são, de fato, muito poderosos. Eles são vibração; são sentimentos; são possibilidades. Os "10" fazem você despertar. Quando você vive em um "10", você é um espaço criativo maciço para o Universo cocriar com você a cada momento. Os "10" são seu ouro, são sua moeda. Não procure mais por dinheiro, procure os "10".

Um "10" te coloca em território desconhecido. Quando você dá um salto para um "10", não sabe o que acontecerá. Um "10" não é algo que você possa planejar de modo estratégico e prever o que obterá. Não é uma estratégia de investimento. Não é algo que você possa manipular para que o resultado seja aquilo que você espera. Fazer algo que seja "10" requer que você se renda às infinitas possibilidades que estão do outro lado.

Muitas pessoas querem viver seu propósito, mas, em vez de atender a um chamado da alma, elas querem analisar e planejar e se certificar de que seguir esse chamado resultará naquilo que elas desejam. Elas querem uma garantia. Isso não é seguir um propósito. Não é ir em direção a um "10". Isso é transformar um "10" em um "2" pisando apenas com a ponta do pé e não confiando totalmente no que a vida está tentando mostrar. É trazer todo o passado para o momento presente e permitir que os velhos padrões bloqueiem todas as possibilidades e o potencial do "10".

Se você carrega uma bagagem metafórica abarrotada de suas velhas histórias e passa seu tempo fazendo dois ou três tipos de atividades, o Universo não consegue criar e se expressar através de você de modo pleno. Você o está bloqueando com essas coisas velhas que não são parte daquilo que está tentando emergir. É como se o Universo lhe oferecesse maços de dinheiro, mas você dissesse "Desculpe-me, minhas mãos estão ocupadas com todas estas malas". Dentro dessas malas está tudo o que você *acha* que precisa para ganhar dinheiro, obter aprovação e ser bom o suficiente. Tudo isso está, na verdade, bloqueando aquilo que você procura. Temos de abrir espaço para algo novo chegar. Da mesma forma que você precisa abrir as mãos para largar uma bagagem a fim de pegar outra coisa, também tem de literalmente largar sua história limitada do passado a fim de deixar que uma possibilidade nova e maior se apresente.

Com "largar" eu quero dizer simplesmente desapegar. Tudo o que você está largando não é uma parte sua, na verdade. É por isso que se sentar em silêncio por algum tempo pode ajudar a lançar luz sobre todas as coisas que você pensava ser e depois removê-las. Quando você fica obcecado em perseguir alguma coisa externa, ou em se distrair, você não percebe que está apegado a todas essas tolices que não são o que você é. Quando você alcança uma consciência mais elevada, começa a ver todas as partes falsas de reparo, proteção e busca que estavam ativas. Começa a perceber até que ponto o que você vem fazendo em sua vida é motivado por uma história de medo.

Então, o que estou sugerindo que você faça agora é pegar uma folha de papel, ou seu celular, ou notebook, e fazer uma lista de basicamente tudo o que você faz e tem em sua vida. Todos os hábitos, as rotinas, os trabalhos, os relacionamentos e vícios, todas as pessoas com quem você convive, as coisas em que você gasta dinheiro, tudo o que você ouve ou lê, as coisas que você faz por lazer e diversão. Tudo. Não precisa se preocupar com detalhes, apenas escreva o que lhe vier à mente nos próximos cinco minutos. Não precisa classificar nada por enquanto. Primeiro escreva tudo de que puder se lembrar. Eu realmente insisto que você faça este exercício, mesmo que não tenha feito o anterior. *O valor deste livro não é o preço que você pagou por ele, e, sim, o que você faz com ele.* Se alguma coisa em seu íntimo induz você a não querer fazer este exercício, talvez valha a pena analisar isso. Pode ser um lado receoso da sua mente já causando sofrimento para se proteger do crescimento que está prestes a ocorrer. É possível que você já tenha começado o exercício e nem tenha se dado conta disso ainda. E é possível que você tenha descoberto um hábito que bloqueia você dos "10".

Tudo bem, faça o exercício, e vejo você daqui a cinco minutos. Enquanto isso, farei um lanchinho bem rápido (o lanche que farei é "10").

Ok, você fez a primeira parte do exercício. Agora, como no exercício do capítulo anterior, repasse tudo e escute o que seu corpo diz a respeito. Se for um "10", você saberá imediatamente. Ficará entusiasmado e se sentirá leve e talvez um pouco assustado também. Se você tiver de pensar para saber qual é o número de alguma coisa, é porque não é 10. No instante em que você tem de pensar a respeito, sua mente está assumindo o comando e compensando a falta de entusiasmo em seu corpo. É provável que você também saiba imediatamente quais são os "1" e os "2". Tudo o que estiver no meio, você talvez tenha de se forçar a sentir, e obviamente isso não é exato, cientificamente falando, então coloque um número que lhe pareça adequado sem pensar demais. Na verdade, o ideal é não deixar que sua mente influencie em nenhum momento. Ela vai querer justificar por que você tem algo em sua vida: "Mas é porque paga as contas", "Mas eu comi isso a vida inteira", "Mas nós nos divertimos bastante no show aquela vez". Não deixe que essas razões lógicas se sobreponham ao sentimento de seu corpo. Sei que pareço repetitivo, mas esta é uma das partes mais importantes do livro, e quero que você realmente a incorpore ao seu sistema nervoso. É assim que sigo em frente, é assim que os membros de minha equipe seguem em frente, e isso mudou nossa vida de maneira significativa. É sobre aprender a seguir a intuição de seu corpo acima da segurança da mente e da lógica limitada, que é o que temos feito na maior parte da vida.

O sentimento de um "10" em seu corpo é uma visualização de outros "10" que aparecerão em sua vida quando você segue esse sentimento. O sentimento de um "2" é uma visualização de outros "2" que aparecerão se você der ouvidos à lógica ultrapassada de sua velha história e se apegar a ela. Então, pelo menos, por enquanto — você não tem que tomar nenhuma atitude — apenas escreva com sinceridade os números que você sente instintivamente em seu corpo conforme repassa a lista.

Farei mais um lanchinho (este é um "8", mas são dois, então é um "16").

Muito bem, então agora você tem basicamente um inventário de sua vida e de quão alinhado está consigo mesmo. Agora, some todos os números e divida o total pelo número de coisas que você escreveu — esse é o seu Grau Médio de Alinhamento. É a sua pontuação de GMA.

Veja a seguir um exemplo de como seria essa matemática para uma pessoa imaginária chamada Gerlitch:

Viajar	09
Meu emprego atual	06
Sair para beber com Jilron e Kimborng às sextas-feiras	06
Beber suco verde orgânico todas as manhãs	09
Comer fast-food três vezes por semana	03
Pintar	10
Aprender um idioma	08
Ficar no Facebook	04
Correr no bosque	09
Fazer trabalho voluntário no abrigo de moradores de rua	10
Total	74

Portanto, se Gerlitch somar todos os números que escreveu para cada item da lista, ele obterá um total de 74. Se ele dividir esse número pelo número de itens, que no caso dele são 10 (provavelmente você escreveu bem mais que isso), ele terá uma pontuação de GMA de 7,4. Muito bem, Gerlitch. Aposto que se você largar o fast-food e o Facebook, obterá um belo "8", rapidinho.

Sua pontuação de GMA é um reflexo de como você enxerga seu valor e de até que ponto você permanece na concha de uma velha história. É o seu grau médio de alinhamento com aquilo que você é de verdade. Se você constantemente faz coisas que classifica como 2 ou 3, é porque você constantemente faz coisas que estão em conflito com a orientação e evolução de sua alma. Se a maioria das coisas que você faz está classificada em 9 ou 10, então você está permitindo que a orientação de sua alma o leve regularmente em direção à versão mais elevada de si mesmo, o que significa que você alçará voo. O único motivo que leva você a fazer alguma coisa mesmo sabendo que não é um "10" é que sua mente lhe dá um motivo, baseado no passado, para fazer essa coisa. Para *continuamente* alcançar os "10" em sua vida, você tem de *continuamente* abrir mão das justificativas mentais e avançar em direção a uma vibração que seja boa, mas que não tenha garantias no passado às quais sua mente possa se apegar.

Seja qual for sua pontuação de GMA, é bem possível que você esteja vivendo em um certo grau de alinhamento há algum tempo. A maioria de nós vive em um certo nível, e em vez de compreender que estamos vivendo abaixo do que somos capazes, nós nos identificamos com esse nível de alinhamento e por isso continuamos a pensar e agir de maneiras que reforçam essa identidade limitada. Por exemplo, alguém que esteja vivendo em um "5" provavelmente não dirá "Estou vivendo em um '5' neste momento, mas sei que posso abrir mão de coisas que são pesadas, ou me mover em direção de coisas que são expansivas, e começar a viver em um melhor alinhamento com a vida". Em vez disso, ela tem a crença de que a vida é difícil, mas não sabe por quê. Neste momento, compreenda que você está criando a consciência que ajudará a remover as crenças que criaram um círculo vicioso em torno de sua velha história.

Muito bem, então agora que você tem sua pontuação de GMA, tem uma lista de itens em sua vida que ou estão acima da sua média ou estão te puxando para baixo e fazendo você retroceder. Dê uma nova olhada na lista e faça um círculo ou marque cada item que esteja abaixo da sua média. Se você por acaso ainda não fez esse exercício e está apenas continuando a ler na espera de que esta parte acabe logo, compreenda que não saberá qual é a sua pontuação de GMA e terá mais dificuldade para transformar sua vida.

Portanto, tudo o que circulou ou marcou são bagagens que você está segurando. Por que você se apega a essas coisas? Qual é o medo do qual você está fugindo e que está fazendo com que você rebaixe seu valor e fique preso? Eu repito, não estou dizendo que você precise largar seu emprego ou terminar seu relacionamento só porque esses itens possam estar abaixo da média, mas que você, pelo menos, examine por que está se apegando a essas coisas. É muito possível que, ao descobrir o que está te mantendo apegado a alguma coisa, você transforme completamente sua perspectiva em torno dessa coisa. Nada disso tem a ver com a coisa externa que você está fazendo — algo que seja "1" para uma pessoa pode muito bem ser "10" para outra. Não é a coisa em si, mas o modo como você se relaciona com essa coisa e com seu nível de consciência em torno dela.

Por exemplo, alguém pode ter um emprego que classificou como "3", o que está abaixo da média do GMA, e em vez de pedir demissão sem examinar a causa, compreender que permanece no emprego por causa de uma história da infância que a fez sentir que não era boa o bastante. Se a pessoa encarar esse sentimento de "não ser merecedora" por tempo suficiente para superar a velha história, é possível que ela passe a enxergar o emprego de uma perspectiva inteiramente nova e em uma nova versão de si mesma. Tudo fica diferente. Ela pode trazer para o trabalho um novo nível de criatividade e produtividade e acabar recebendo aumentos e promoções, o que fará com que o emprego se torne expansivo e a pessoa aumente o alinhamento com ele.

Ela também pode sair do emprego, ficar com medo de não conseguir pagar as contas e, em vez de verdadeiramente encarar e aceitar o medo e a mágoa por não se julgar merecedora, distrair-se com outro hábito ou vício que continua impedindo que ela supere a dor. Isso não é crescimento. Apenas saltar para fora daquilo que é pesado não é uma transformação verdadeira. É o mesmo padrão de não encarar um medo que procura por amor e aceitação.

Portanto, não se trata de simplesmente fugir de uma coisa pesada para outra sem experimentar uma mudança interior. *Trata--se de realmente se transformar.* Deixar um emprego pode ser uma parte da transformação. Abandonar vícios pode ser outra parte. Mas essas coisas têm de vir acompanhadas de uma verdadeira descoberta interior das coisas que estão bloqueando você. Seja avançando em direção a um "10" ou abandonando um "1", você terá de experimentar uma transformação real para sustentar sua nova vibração. Se você dará um salto, precisa estar totalmente presente e permitir-se experimentar de modo completo tudo o que ocorre em seu corpo como consequência. É aí que a mudança acontece. Reserve um tempo para passar com seus medos. Encare a dor. Torne-se um espaço que possa amar aquela parte sua que não se sente merecedora. Sente-se em silêncio. Permita-se sentir de fato a experiência da mudança que está ocorrendo. É provável que, quanto maior a dor, de mais tempo você precise. Talvez você passe uns dois dias com a sensação de estar com uma pedra no estômago, mas com sua presença e paciência, ela começará a dissolver, e em seu lugar virá um novo grau de liberdade e clareza que sustentará chamados mais elevados e os próximos passos que você dará.

Faça isso por si mesmo. Olhe sua lista e passe algum tempo examinando, pulando, removendo e avançando em direção às coisas que estão chamando você para esse novo espaço de possibilidades.

> ### *Ação: Transformar Sua Pontuação de GMA*
>
> *Analise as coisas que você colocou na sua lista. Veja se consegue passar os próximos dias sem uma das coisas que tiveram a classificação mais baixa. Se for, por exemplo, comer demais ou assistir à TV, veja como seria parar de comer excessivamente ou de assistir à TV, ou, pelo menos, diminuir a atividade, nos próximos dias. Se é uma pessoa com quem você convive, experimente passar menos tempo com ela por um ou dois dias. Além disso, pegue uma das coisas que você classificou como a mais alta e enfatize isso. Faça mais coisas, ou atividades, que você marcou com 9 ou 10. Depois de alguns dias, calcule sua média novamente. Mesmo que tenha subido apenas um ponto, de 5 para 6, perceba que a continuidade desse padrão pelo próximo ano colocaria você em uma vida completamente diferente, que seria um reflexo muito mais claro do que você realmente é. Para melhorar a nota, calcule sua pontuação de GMA todos os domingos, durante um ano, e veja o que acontece.*

CAPÍTULO 10

GUARDANDO O PASSADO

Eu sei. Pode ser difícil passar por cima de velhos hábitos e abrir mão de coisas que possivelmente estão em nossa vida há décadas. É fácil falar, ler sobre abandonar a velha história e transformar-se em algo novo, mas fazer... são outros quinhentos. Se você acha difícil imaginar-se abandonando as coisas de sua vida que não são "10", é porque existe um apego à sua história que está impedindo que você acesse seu verdadeiro poder. Em geral, o motivo pelo qual nos apegamos a velhas histórias, vícios, pessoas e padrões destrutivos do passado é porque não conseguimos aceitar, apreciar, aprender e nos libertar de nossa história para podermos seguir em frente em pleno alinhamento com o momento presente. Existe uma diferença enorme entre apreciar sua história e guardar sua história — e isso é uma parte gigante do que nos bloqueia da abundância.

É comum tomarmos decisões com base em nossa história, em vez de naquilo que nosso coração realmente deseja. Por exemplo: você mora onde mora porque realmente quer morar nesse lugar, ou porque mora há muito tempo? Se você não morasse em lugar nenhum hoje, você escolheria morar nesse mesmo lugar? Se você não estivesse namorando, ou não estivesse casado, escolheria começar a namorar a pessoa com quem está hoje? Você se candidataria ao seu atual emprego se não trabalhasse lá? Compraria exatamente os mesmos mantimentos que tem em seu armário da cozinha ou despensa se por alguma razão eles desaparecessem e as prateleiras ficassem vazias?

Muitos de nós, sem nem mesmo refletir a respeito, continuam seguindo na esteira do que fizeram ontem, e com isso, os novos desejos do coração e inspirações que viriam à tona se houvesse uma abertura para as possibilidades são eliminados. Estão guardando sua história, acumulando-a e armazenando-a no sistema nervoso e perseguindo picos emocionais do passado, em vez de se permitir renovar no momento presente e abrir-se para algo maior do que experimentaram até agora. É comum nossa mente pensar que a melhor coisa possível que podemos experimentar neste momento é apenas a recriação da melhor coisa que já nos aconteceu.

Veja a quantidade de pessoas que guardam caixas enormes com lembranças de um relacionamento do passado, tentando reviver a paixão que sentiram quando conheceram essa pessoa. A mente delas tenta reviver esse sentimento porque não consegue compreender a possibilidade de algo melhor acontecer agora. Eu conheço uma pessoa que até hoje assina uma revista que o ex assinava, só para ter a sensação de que ele está por perto. A casa está lotada de pilhas de revistas que ninguém lê, só por causa do apego à experiência que ela teve com a pessoa. Existem coisas novas para experimentar que estão sendo bloqueadas porque a pessoa está apegada ao modo como as coisas costumavam ser. A mente dela a coloca em carência, em falta, porque aquela experiência já não está mais acontecendo.

Em vez de guardar o passado e viver na carência, podemos aprender a apreciar o passado — apreciar a expansão e a profundidade que ganhamos com uma experiência ou relacionamento — e permitir que essa apreciação nos leve a um estado novo e aberto de receber, que pode atrair uma experiência melhor e mais incrível.

Não estou dizendo que devemos deletar todas nossas experiências do passado ou jogar fora lembranças que temos de pessoas que amamos um dia, mas nos apegar mentalmente a coisas que agora nos fazem sentir falta acaba roubando nossa abundância, além de não honrar essas experiências e esses relacionamentos do passado. Se você acredita que algo faz falta em sua vida, seja um(a) ex, uma carreira perdida, um saldo polpudo, ou qualquer outra coisa que você enxergue como perdida, não tem como você ser abundante neste momento. Não importa quanto dinheiro você tenha ou qual seja a abundância externa ao seu redor — se você está buscando algo do passado de que acha que precisa para ser completo, está bloqueando a experiência da verdadeira abundância e impedindo que ela venha. Você é um ser infinito que tem uma capacidade fantástica de receber, mas não consegue receber se esse espaço estiver preenchido com a crença da falta, ou da carência.

Isso me faz lembrar de um cliente incrível com quem trabalhei recentemente, chamado Mark. Durante anos, Mark foi cuidador de seus pais, conforme estes ficavam mais idosos. Ele dedicou grande parte de sua vida a cuidar, maravilhosamente bem, da mãe e do pai, até falecerem. Ele cuidou dos dois por tanto tempo, que, depois que eles morreram, ele permaneceu na identidade de cuidador. Estava tão programado para cuidar dos pais, que, após os dois partirem, ele ficou perdido, sem saber o que fazer da vida. Os pais eram sua principal fonte de conexão, e embora já não estivessem mais ali, Mark continuava procurando conexão através deles. Subconscientemente, ir atrás do que ele de fato queria para sua vida significaria demolir a conexão mental e o apego ao seu lado cuidador, que tanta aprovação recebia dos pais.

Mark tinha um trailer antigo, onde ele morava. Eu perguntei a ele certa vez o que ele realmente queria fazer da vida, e ele não hesitou em responder que adoraria viajar para a Europa e conhecer Paris. Senti nele uma empolgação de verdade, que me pareceu ir além da história em que ele vivia. Perguntei por que ele não fazia a viagem, e ele disse que não tinha dinheiro. À medida que conversávamos, descobri que havia muitas coisas na vida dele — como o trailer e uma caminhonete enorme que ele usava para rebocá-lo — que não eram nem de longe tão empolgantes para ele como uma viagem para a Europa, mas que o estavam impedindo de seguir o desejo de seu coração. Perguntei se o trailer era um "10", e ele respondeu "Bem, eu preciso do trailer". Eu disse: "Não foi isso que eu perguntei. Eu perguntei se o trailer é um "10" para o seu corpo. É uma coisa boa? Faz você se sentir bem, ajuda você a se expandir? É uma coisa que sua alma deseja neste exato momento? Você mora lá porque é realmente lá que quer morar?" Quanto mais avançávamos na análise, mais ele descobria que não, o trailer não era uma coisa que ele realmente queria. Era apenas o lado cuidador dele que amava o trailer. E quanto mais nos aprofundávamos, mais ele se dava conta de que tinha uma paixão em comum com o pai, que eram trailers, então ele, na verdade, não se desfazia do trailer porque era um vínculo que ele continuava mantendo com o pai, e com isso ele se bloqueava para as coisas que realmente desejava.

Quando Mark foi se informar, descobriu que poderia vender o trailer por mais de US$20 mil e a caminhonete que usava para rebocá-lo por US$15 mil. Assim, se ele quisesse, teria imediatamente US$35 mil para viajar para qualquer lugar do mundo. A compreensão de que poderia de fato vender os veículos abriu para Mark uma porta inteiramente nova para ele começar a olhar para outras coisas que ele tinha e que não eram "10". Outra coisa que ele tinha era um rifle, herdado de um parente distante que havia usado a arma na Guerra Civil. Eu perguntei: "E se você vender isso também?" Ele disse: "Bem, eu preciso guardar o rifle; é uma relíquia de família." Eu falei: "Precisa? Quem disse que você precisa guardar? Essa arma é um "10" na sua vida?" À medida que ele analisava a situação, passou a compreender que guardar o rifle era mais um fardo do que um desejo. Novamente, era um apego que o mantinha em conexão mental com a família, e ele relutava em deixar essa conexão se desfazer. Perguntei a ele qual ele achava que seria a opinião do tataravô que havia usado o rifle na Guerra Civil sobre vender a arma. Ele pensou um pouco, depois me olhou e disse: "Acho que ele diria 'Olhe, Mark, eu estou morto... eu nem sei de que rifle você está falando; já morri faz cem anos'." Eu cheguei a chorar de tanto rir quando ele disse isso, dei risada por uns dez minutos. Acho que foi um dos momentos mais engraçados que já testemunhei. Ali estava um homem apegado a tanta coisa que ele achava que outras pessoas ficariam decepcionadas se ele se desfizesse delas, e no instante em que ele analisou da perspectiva dessas pessoas, percebeu que elas não ligavam a mínima. Era o apego mental *dele* à aprovação da família, e não a família, que o levava a guardar tudo.

Algumas pessoas poderiam achar que o rifle deveria ir para um museu, mas por quê? Para que outras pessoas possam ver mais um rifle da Guerra Civil que aconteceu há 150 anos? Ou seria melhor ele passar de geração para geração o fardo de guardar um trambolho do século XIX? E por que uma arma que foi usada para matar pessoas deveria ser lembrada? Por que não pôr um ponto final nisso? Obviamente eu não sou um grande fã da história da Guerra Civil — talvez se eu fosse, pensasse diferente —, mas o que quero dizer é que você não precisa se apegar a essas coisas externas para se manter conectado a sua história. Sua história está em você. Muitas vezes, quando usamos uma coisa externa, como um trailer ou um rifle, para nos manter conectado ao nosso pai, ou ao nosso tataravô Leonitus, nós, na verdade, não estamos nos conectando a eles; estamos nos conectando à nossa suposição mental das expectativas deles em relação a nós. Estamos nos conectando à *ideia*, em vez de nos permitirmos encontrar uma verdadeira conexão com eles através do coração. Quando a conexão mental desaparece, o coração vem para o primeiro plano. E com o coração em primeiro plano, ficamos conectados com tudo. Ficamos conectados conosco, e esse é o portal para nos conectarmos com todo mundo, até com nossos antepassados. Não se trata de nada estranho ou sobrenatural. O que estou querendo dizer é: o que é mais estranho? Tentar se manter conectado a alguém por meio de um rifle pendurado na parede, ou encontrar uma verdadeira conexão *conosco*, que nos permita apreciar e honrar esses entes queridos neste momento? Eles não precisam que guardemos suas armas ou outros pertences para se sentirem conectados a nós. Somos nós que insistimos em levar isso adiante, não eles. É o nosso medo de não sermos amados, nosso medo de não obtermos aprovação, nosso medo de não sermos merecedores.

Eu espero que minha filha não se sinta obrigada a guardar para todo o sempre meus discos de Huey Lewis depois que eu morrer, nem minha bola de boliche chamada "The Beast", nem minha fita VHS de *O Panaca*, nem minha coleção de molhos de pimenta. Seria colocar um fardo pesado demais nos ombros da minha filha esperar que ela se lembrasse de mim nesse nível. Se bem que, para ela, até poderia ser um "10" ter meus discos de Huey Lewis, porque Huey Lewis é 10 (musicalmente falando)!

Mas voltando a Mark... depois da revelação, ele agora entendia que tinha uma considerável quantia potencial de dinheiro que poderia pôr no banco, mudar-se para outro lugar e viver por um tempo. O mais importante, porém, é que ele finalmente desfez aquele vínculo dramático a uma identidade falsa e se libertou, e agora ele vive o momento presente. Quantos benefícios isso trará para a saúde dele, para ele aproveitar a vida, para sua segurança (segurança *interna*) e para sua liberdade? Ele só estava apegado àquelas coisas porque acreditava que elas precisavam existir para sempre. Quando você se dá conta de que cada simples coisa neste mundo é temporária, você deixa de se apegar a elas e se abre para experiências. Uma experiência pode te expandir, pode transportá-lo para um mundo novo e libertá-lo. Mark sempre quis ir à Europa — na minha opinião, a última coisa que ele desejaria seria se ver no leito de morte e perceber que nunca teve a experiência de ir a Paris porque estava apegado àquelas coisas que não acrescentavam nada a sua vida.

Então, conforme se desapegava cada vez mais da história de quem ele acreditava ser, Mark decidiu dar um salto e ir para Paris. Ele me contou que, na viagem de volta, no avião, ele soube que já poderia morrer feliz. Disse que foi a experiência mais gratificante de sua vida e que visitou todos aqueles lugares que até então só sonhava em conhecer, e que por diversas vezes se pegou com lágrimas nos olhos ao ver como tudo era tão bonito. Disse que nunca tinha se sentido tão vivo enquanto atendia àquele chamado interior, finalmente fazendo o que queria fazer havia décadas. Imagine o que isso significa para ele em todas as áreas da vida. Pense na nova dimensão que ele abriu para si mesmo agora que não mais se vê como alguém limitado pelo que antes reconhecia como falta de recursos.

Um dos motivos que nos levam a nos apegar a nossa história e a nosso velho modo de ser é não termos a menor ideia do que está do outro lado. Por exemplo, se você está, como Mark, focado em uma perda, pode estar a um passo da maior inovação de sua vida e perder completamente o que estava logo ali, dobrando a esquina. É como perfurar um poço à procura de petróleo. Enquanto você não chega de fato ao petróleo, não sabe que ele está logo ali. As histórias dolorosas do passado não existem apenas para nos deixar tristes, ou zangados, ou reprimidos; elas existem para nos levar a uma parte mais profunda de nós mesmos. Quando você concede à dor o espaço e a atenção de que ela precisa, você perfura mais fundo e acaba sendo guiado para uma perspectiva inteiramente nova e para a capacidade de se conectar com o que você é em um novo nível.

Você não tem ideia do que te espera quando se desvencilha de todas as mágoas, arrependimentos e decepções do passado, de coisas que você tenta recriar e de tudo o que está te bloqueando. Ocorre uma magia quando você não tenta impingir todos os remanescentes do passado ao momento presente. Aprecie sua bagagem, depois a largue e se permita estar plenamente presente neste momento — você descobrirá toda uma nova vida de possibilidades e abundância bem na sua frente.

Ação: Liberar, Lavar, Repetir

Prática: pense em todas as coisas que você tem em sua vida que vêm na esteira do passado. Verifique todas as coisas que você tem em casa que já não te expandem — você tem coisas no armário, ou na garagem, ou no sótão, que só estão lá porque você as guarda há muito tempo e tem uma história com elas? Existem pessoas em sua vida que te puxam para baixo, mas você mantém a amizade porque as conhece há vinte anos? Reserve pelo menos dez minutos para anotar o máximo de coisas que você conseguir que estão em sua vida por causa de uma decisão que você tomou no passado e que já não trazem empolgação. Em seguida, abra mão de, pelo menos, uma coisa dessa lista — seja doando essa coisa, afastando-se de alguém, ou cancelando uma assinatura —, e observe o espaço que se abre quando você libera parte do peso do passado e abre espaço para a vida se apresentar de um jeito novo. Preste atenção ao que acontece nos dias e semanas seguintes e no que aparece para substituir aquilo que você liberou. Quando você perceber o que aparece para substituir a coisa antiga, pode considerar isso como um sinal do que acontece quando você vive a prática de constantemente liberar o passado e tornar-se um espaço para receber a abundância do momento.

CAPÍTULO 11

APAIXONANDO-SE POR SUA EXPANSÃO

Quando recebemos esse novo paradigma, deixamos de almejar dinheiro. Sua consciência fica elevada demais para almejar uma coisa secundária. Agora sabemos que dinheiro é secundário. Quem liga para dinheiro? Sério, você é muito mais que dinheiro. Você é tudo, é o princípio de tudo. Você é expansão, crescimento, liberdade. Quando almejamos nossa expansão, em vez de dinheiro ou outro resultado externo, temos um poder e um propósito, ou intenção, que é um estímulo milhares de vezes mais forte do que quando tentamos alcançar uma meta mental. Milhares de vezes pode ser exagero, ou pode ser muito pouco, não tenho certeza. Acho que depende da situação.

Mesmo quando pensamos que estamos tentando obter alguma coisa externa, o que estamos de fato procurando é uma expansão *interior*.

Metas externas também podem nos levar a expandir, mas somente quando estão em nosso limite mais alto e nos levam além de nós mesmos. Quando nos apaixonamos, sentimos expansão porque experimentamos uma conexão com outra pessoa e com nós mesmos que é algo novo, mas depois é comum nos tornarmos dependentes da outra pessoa, em vez de sentir a expansão de antes. Se você souber que é realmente a expansão interior que você procura, pode continuar a expandir, crescendo e permitindo que o relacionamento evolua para algo novo. Se você achar que é a pessoa, ou o momento, ou o lugar onde vocês se conheceram, então está se apegando viciosamente a essas circunstâncias e querendo que a pessoa continue a mesma, em vez de encorajá-la a crescer para o próximo grau mais elevado de expansão.

Isso é algo normal para a maioria das pessoas — é comum experimentar expansão em uma área da vida e depois buscar essa mesma experiência repetidamente na mesma coisa, apesar de já não conseguir obtê-la. Eu já falei certa vez sobre tornar-se vegano radical por noventa dias e perder metade do peso e sentir-se incrível — quando fiz isso a primeira vez, foi uma expansão maciça para mim, e a morte da velha história do menino que recebia amor da mãe comendo burritos no Taco Time. Eu me senti fantástico e completamente vivo, de um jeito como nunca havia me sentido antes. Depois que terminei esse desafio, passei a procurar o mesmo sentimento de expansão, então decidi repetir e ser um vegano radical por mais noventa dias — mas não foi a mesma coisa. Eu não senti expansão. A expansão já tinha acontecido antes. Fazer a mesma coisa que eu já tinha feito não era meu próximo passo. Não emagreci tanto, nem senti o mesmo tipo de energia que senti na primeira vez. Embora a alimentação saudável fosse algo a se considerar, acredito que os resultados que obtive na primeira vez tenham se devido ao fato de que eu estava abrindo mão da história de quem eu era e entrando em um novo nível de liberdade dentro de mim mesmo.

Era como se na primeira vez em que me tornei um vegano radical, eu estivesse no terceiro ano, aprendendo as estratégias necessárias para passar para o quarto ano, mas na segunda vez foi como se eu já estivesse no quarto ano, ainda tentando usar as estratégias do terceiro ano para passar para o quinto. As estratégias antigas já não eram eficazes porque eu estava em uma série mais adiantada — eu precisava aprender uma maneira nova de me expandir além do que eu era.

Sua expansão é a sua força na vida. Se você não expandir, você se contrai, comprime-se, morre aos poucos. Por isso é tão importante identificar os "10" e alcançá-los. Quando você não escolhe as coisas que são empolgantes e expansivas para você e não se move na direção delas, você se afasta da conexão com aquilo que realmente é e mergulha mais fundo nas limitações formadas por sua mente que procuram uma circunstância externa para que você se sinta de determinado modo. Se você não expande para algo novo, continua apegado a uma ilusão ultrapassada e não entra em sincronia com um Universo, que está em constante movimento.

Quando você se move em direção a sua expansão, obtém o que precisa — confie em mim. Você será atendido de tal maneira que não mais verá aquele lado das suposições mentais, que só enxergam um ou dois modos lineares de fazer alguma coisa acontecer. Você vive em um universo em que muita coisa improvável e inconcebível acontece. Dinossauros são uma delas; iPhones são outra; o filme *Segurança de Shopping 2* é outra. Quem poderia supor que existiria tal coisa como o filme *Segurança de Shopping 2*? E no entanto, existe. Creio que isso seja toda a prova de que você precisa para compreender que a vida tem possibilidades disponíveis para você e que estão além do que a mente pode ver.

Tudo bem, entendo que você precise de mais provas.

Mas falando sério, é ridículo que tenhamos dúvidas do que é possível quando existe um mundo ao nosso redor que é repleto de coisas aparentemente impossíveis. Uma árvore, por exemplo... Você consegue fazer uma árvore? Eu não consigo. E uma lagarta, como é possível existir...? Eu não faço ideia. *Então, por que achamos que temos de criar estratégias mentais e ser os únicos criadores das possibilidades em nossa vida?* É um pouco egocêntrico. Na verdade, é completamente egocêntrico. É o ego que nos separa da infindável criatividade que quer colaborar conosco. É o ego que nos diz que não estamos como deveríamos estar neste momento. É o ego que procura algo do lado de fora. É uma vida inteira de experiências, lembranças, crenças sociais e padrões herdados armazenados em nossa mente e que nos enganam e nos induzem a acreditar que o que queremos é alguma coisa no mundo externo, e não a expansão em direção a nossa alma. Embora eu insista no conceito de que não procuramos algo externo, na verdade acredito que nosso chamado pode ser interno *e* externo. Nossa expansão pode ser um crescimento *interior* que nos permite conectar mais profundamente conosco, e também pode ser algo que se expresse *externamente* no mundo. Nosso crescimento interior é algo que também deve ser compartilhado com o mundo. É por isso que digo que, quando você almeja sua expansão primária, você é atendido. Quando você almeja sua expansão primária e acessa um novo nível de si mesmo, você provavelmente também sente o impulso de compartilhar isso com o mundo. Você acessou um novo nível de valor e expansão, e como o mundo está em constante movimento em direção a uma expansão cada vez maior (ele literalmente se expande mais rápido que a velocidade da luz), ele vai querer, de alguma maneira, trazer essa nova expansão à tona através de você.

Portanto, quando digo que "você será atendido" ao almejar a expansão, em vez de algo externo, não estou dizendo que você, por um passe de mágica, ganhará um Corvette — embora isso também seja possível. O que quero dizer é que, uma vez que você tenha criado uma expansão, esse novo espaço dentro de si mesmo será preenchido com uma ideia inspirada, uma obra de arte, uma nova colaboração, ou algo que seja uma expressão dessa nova consciência que surgiu. Pode existir um aspecto mágico aqui que eu não conheço, mas o fato é que estou falando da experiência que tive toda vez que me libertei da busca mental por alguma coisa e alcancei meu propósito mais elevado.

Esse é um conceito poderoso e é realmente o modo de ser que este livro descreve e para o qual nos impulsiona. É mover-se para o infinito, mover-se exponencialmente. É apagar os programas que dizem o que é possível e o que não é. É criar resultados que poderemos levar conosco para a eternidade em vez dos quinze minutos de euforia por ter uma televisão nova. É acessar um novo aspecto de nós mesmos que possa trabalhar em parceria com nossa mente para criar um nível muito maior do que aquele ao qual estamos habituados. É aprender a usar nossa mente como uma ferramenta para traduzir os infindáveis chamados da nossa alma, em vez de bloqueá-los. É nos conectarmos ao nosso corpo e desenvolver antenas para captar insights e ideias mais elevadas. É permitir que algo maior que nossa visão limitada de nós mesmos venha à tona. É *verdadeiramente* evoluir.

Esse mundo de estar conectado ao que você realmente é está chegando mais perto, mas é provável que sua mente esteja se apegando a resultados e metas no mundo externo. Sua mente pode até mesmo ter criado um resultado externo enquanto você lia estas páginas, e se criou, tudo bem — você está aqui para amar isso e liberar a resistência a cada parte sua. Somente através do amor é possível superar o apego da mente à promessa de que, uma vez que você se mova em direção ao chamado de sua alma, terá mais criatividade e mais ideias do que pode usar para ganhar dinheiro ou ter mais sucesso. Isso ainda é ir atrás de dinheiro, mesmo que seja pela porta dos fundos da conexão ao chamado de sua alma. Se você decidir se render à parte de sua mente que constantemente verifica para ver se os resultados externos estão aparecendo, começará a acessar uma intenção poderosa que é *maior* do que suas metas. Uma meta é algo que você consegue entender. Uma intenção é definir e almejar uma expansão. Uma meta está no futuro. Uma intenção está no presente. Uma meta é um resultado. Uma intenção é uma orientação interna. Uma intenção é dizer que você quer descobrir mais daquilo que você é e que está totalmente aberto para o fato de que você não faz a menor ideia do que você é. Uma meta é "Eu quero ganhar um milhão de dólares". Você sabe o que é um milhão de dólares, portanto, não se trata de um mistério emocionante que te levará a saltar para um nível novo e desconhecido de si mesmo. Quando você tem uma meta definida, isso pode mantê-lo limitado nesse nível e impedi-lo de se aprofundar, porque você está apegado ao resultado externo. Com uma intenção, você renuncia aos resultados e vai a um lugar mais profundo que não tem um resultado definido — mas onde há uma quantidade infinita de possibilidades.

Ter uma meta externa específica é como andar por aí com uma bola plástica inflável gigante amarrada na cintura e tentar passar pelas portas e constantemente ficar entalado. Você tem de procurar uma porta que seja larga o suficiente para você passar com a bola. Ter uma intenção é como ter uma bola plástica vazia que permita que você passe por qualquer porta, para então enchê-la quando for a hora certa. Uma meta limita você para uma oportunidade única, que você já definiu mentalmente de antemão. Já a intenção proporciona a liberdade de se descobrir e te deixa aberto para várias oportunidades que podem corresponder à nova consciência que está emergindo e sustentá-la. E como você está descobrindo mais sobre si mesmo, quando uma oportunidade aparece, você está mais alinhado e apto a aproveitá-la.

Então, em vez de nos limitarmos ao nível das metas de nossa mente, se nos permitirmos nos aprofundar para aprender mais sobre nós mesmos, aprenderemos a nos render ao fluxo da vida e deixar que ele nos ensine algo melhor. Sua mente entende as metas; seu coração entende um sentimento, uma intuição, um insight. Seu coração conduz você para algo que é *muito maior* que sua meta, seja ela qual for. Não importa quão grandiosa seja sua meta, ela não se compara ao que a vida está querendo lhe mostrar e trazer ao mundo por seu intermédio. Temos de ser motivados por uma *intenção interna*, em vez de por metas externas, caso contrário seremos escravos dessas metas e perderemos a oportunidade de realmente nos expressar, de criar valor sólido e de transformar o planeta.

Se você começa qualquer tipo de projeto criativo, como escrever um livro, mas não tem uma intenção interna para fazer isso, então sua mente se fixará na necessidade de um resultado específico e perguntará coisas como "Como posso escrever um livro de que as pessoas gostem?" ou "O que vende bem?". Se você não lidera com uma intenção interna que te impulsione para a frente e escute a criatividade inspirada de seu coração, você será uma vítima dos resultados externos e das opiniões de outras pessoas. Mas se, em vez disso, você tiver uma intenção poderosa, como descobrir paciência e evoluir para o que você é, então está criando em uma dimensão nova além do que já existe no mundo, não será afetado pelas opiniões de outras pessoas e terá o potencial de criar algo verdadeiramente inovador.

Se eu estivesse escrevendo este livro por causa de um resultado externo, não conseguiria fazê-lo. Eu ficaria isolado de minha alma, e seria uma tortura tentar descobrir o que escrever a seguir, esperando fazer o certo a fim de obter algo. Eu ficaria completamente esgotado e demoraria uma eternidade. Em vez disso, todos os dias, quando me sento para escrever, tenho uma poderosa intenção interna de me desdobrar em mais do que sou e criar uma conexão mais profunda comigo mesmo e com a sabedoria que surge. Como resultado, escreverei este livro inteiro em cerca de um mês, ao mesmo tempo que faço outras coisas. Isso só é possível porque minha intenção ao escrever o livro é minha meta primária. *Eu quero ver o que me tornarei* mais do que quero ver o que obterei.

Faz pouco tempo que descobri que esse é o modo natural como me movo, sem realmente ter plena consciência disso. As coisas que faço são quase inteiramente motivadas por uma intenção interna que me conduz para a frente e me leva para um lugar mais profundo dentro de mim mesmo. Por exemplo, recentemente me comprometi com um programa de coaching de seis meses com cinquenta pessoas, no qual passávamos uma hora em videoconferência, todas as manhãs, às 6h30m. Isso era tão empolgante para mim, não por causa de algum resultado externo, mas por causa do que eu me tornaria ao assumir esse grau de comprometimento. Estou totalmente habituado a falar em público, fazendo stand-up em sessões no teatro, palestras por alguns dias seguidos, mas queria ver quanto eu precisaria evoluir para sustentar aquele espaço para cinquenta pessoas por seis meses inteiros. Claro que havia motivos externos animadores, como quais seriam as transformações de cada um ao longo desses seis meses, mas o que me dava a capacidade de realmente me comprometer era o mistério sobre de que eu teria de abrir mão e para onde me encaminharia por causa disso. Se minha motivação fosse baseada apenas no resultado externo da transformação dessas pessoas, eu me tornaria escravo dessa circunstância — se elas se transformariam ou não — e não teria condições de ser tão eficiente em minha função porque estaria isolado de meu fluxo natural.

Então, pense em algumas metas externas que você tenha almejado alcançar recentemente em sua vida. Podem ser coisas como ganhar mais dinheiro, começar um novo negócio, encontrar alguém com quem se relacionar, emagrecer, comprar uma casa, atrair novos clientes etc. Pense nas coisas que você tem almejado e observe como se sente quando pensa em realizar esses objetivos unicamente pelo resultado externo — mentalmente, pode ser empolgante, mas se você não estiver conectado a um propósito mais profundo, provavelmente não será um "10" para você. Se você conseguir se conectar a uma intenção interior sob a superfície dessas coisas e fazer *dessa intenção* sua meta primária, então essas coisas poderão começar a se aproximar de um "10" — ou pode ser também que você não queira mais realizá-las porque sua intenção interior descobriu algo mais emocionante para substituí-las.

Pense em quantas vezes na sua vida você teve uma meta externa e depois, quando finalmente alcançou essa meta, você ficou feliz por algumas horas ou dias e acabou voltando a buscar alguma outra coisa. Vamos começar a substituir essas circunstâncias temporárias por uma intenção interior que não seja condicional. Sua intenção interior não depende das circunstâncias. Sua intenção interior não depende da aprovação das pessoas. Sua intenção interior não compete com o mundo externo.

Sua intenção interior também é algo que você pode acessar *agora mesmo* — não demanda tempo, nem planejamento, nem dinheiro, nem um comitê. Se sua intenção interior for conectar-se mais consigo mesmo, você pode começar a fazer isso imediatamente. Muitas vezes, a única coisa que nos bloqueia de viver em nossa intenção interior é perseguir uma meta externa. Quando você permite que sua intenção interior se torne mais importante do que as metas externas, começa a se alinhar com um propósito mais elevado. Sua intenção interior é o seu propósito neste momento. Se sua intenção interior é sentir liberdade, você pode viver seu propósito aprendendo a experimentar sua liberdade interior agora e superando aquela crença mental de que você já não é livre. E então, qual é o *seu* propósito neste momento? Encontrar a verdadeira paz? Concretizar o amor? Abrir mão de sua história passada? Ir além do que você costumava ser? Talvez seu propósito neste instante seja escutar e deixar a vida lhe mostrar uma intenção.

Quando você faz alguma coisa tendo como meta primária a sua intenção interior, você observa uma empolgação e um poder totalmente diferentes por trás do que faz. Você pode ser um vendedor de sapatos e mudar sua meta externa de vender sapatos para uma intenção interior de concretizar a paz — e seu trabalho de vender sapatos pode então se tornar uma prática espiritual que te fará evoluir além de si mesmo. Ou a sua intenção interior de encontrar a paz poderá levá-lo para uma profissão inteiramente nova — seja como for, conectar-se a sua intenção e segui-la é um meio de ser guiado no sentido de criar as circunstâncias de sua vida que sustentarão sua intenção. Se sua intenção interior for liberdade e você ficar mais conectado a isso do que às suas metas externas, você começa a fazer escolhas em sua vida que o levarão a uma maior liberdade. Se sua intenção for descobrir a si mesmo, você começa a se mover de tal maneira que terá cada vez mais oportunidades de descobrir o que você é.

Então, é bem provável que você já esteja pensando em qual poderá ser a *sua* intenção interior — deve ser uma frase curta, simples, que possa ser o próximo passo em sua evolução. Se você ainda não tem uma, reserve um tempo para se sentar em silêncio e permitir que ela surja. Você não consegue encontrar mentalmente sua intenção, portanto, não faça disso uma tarefa. É algo que surgirá, se você deixar. Pode ser concretizar sua energia feminina, ou masculina. Pode ser viver sua verdade. Pode ser seguir seu coração. Pode ser aprender a ter paciência. Pode ser expressar-se plenamente. Pode ser descobrir milagres. Pode ser alinhar-se com a verdadeira criatividade. Pode ser viver o momento presente. Pode ser também uma combinação de várias coisas. Pode ser viver sem julgamentos. Sua intenção interior será um "10" — e você a reconhecerá assim que ela surgir. É provável que você tenha passado anos vivendo em função de metas externas e ignorando uma intenção interior que estava querendo vir à tona, então aproveite este momento para conhecer sua intenção e iniciar sua jornada com ela.

Para concretizar sua intenção, seu sistema nervoso precisa passar por essa transformação tomando atitudes alinhadas. Que mudanças você precisa fazer para que seu corpo sinta a congruência entre sua nova intenção interior e o que você está fazendo no mundo? Há alguma coisa em sua vida que você poderia fazer hoje que concretize sua intenção interior? Talvez seja um dos seus "9" ou "10"? Ou há alguma maneira de trazer seu propósito para as coisas que você já está fazendo? Você consegue identificar sua intenção interior à medida que lê este livro?

Meditar, porque você tem um objetivo interior de tornar-se mais do que você é. Criar, porque você quer descobrir a criatividade infinita dentro de você e conectar-se ao fluxo. Exercitar, porque você quer se conectar à paciência e à intenção. Fazer coisas com base na atração gravitacional de sua alma, em vez de em uma fixação temporária ou resultado externo. Trabalhar de dentro para fora, ao invés de fora para dentro. Tornar-se criador, em vez de consumidor. Viver dessa intenção poderosa que permite a você superar os hábitos mentais e vícios de uma sociedade insana e obcecada por coisas materiais.

Existe todo um universo dentro de você esperando para ser descoberto, e quando você encontrá-lo, ele se moverá através de você para este mundo, com um poder criativo que você nunca viu antes.

> ### Ação: Transtorno de Deficit de Intenção
>
> *Tenha a sua intenção aparecido ou não, reserve trinta minutos para se sentar em silêncio e conectar-se com ela, ou criar o espaço para que ela apareça. Não tente encontrá-la — deixe que ela encontre você.*

CAPÍTULO 12

TORNANDO-SE A SUA INTENÇÃO

Agora que temos nossa intenção interior, ou que, pelo menos, estamos abertos para ela, faremos dela nossa melhor amiga. Abordaremos o que significa viver em nossa intenção e aprender a torná-la a coisa mais importante de nossa vida. Estamos aprendendo o que significa ser mais apegado à intenção da nossa alma do que aos vícios da mente. Esse é um sentimento de estar fundamentado e sustentado por algo muito maior que você.

Sua intenção é o seu superpoder. É o que transforma você de Clark Kent no Super-homem. Quando você se conecta a sua intenção interior, é como encontrar a cabine telefônica mais próxima e vestir sua capa. Tudo que tem a fazer é transformar-se em um momento em que você seja atraído pelo hábito mental de buscar uma meta externa e retornar para a sua intenção — seja para experimentar liberdade, para concretizar o amor, para se expressar, ou outra coisa. Em qualquer situação desafiadora, quando você se conecta à sua intenção, em vez de à situação, você experimenta um nível de força totalmente novo.

Por exemplo, quando tenta abandonar um vício como fumar, ou beber, ou comer em excesso, você provavelmente passa por uma experiência de sofrimento, ou tristeza, conforme abre mão daquela sua parte que está dependente dos resultados externos que você obtém. Se vive no mundo dos resultados externos, quando tenta sair, você foca a angústia de não conseguir esses resultados. É possível que você retome o hábito ou então encontre alguma outra coisa externa para preencher a lacuna dos resultados pelos quais sua mente anseia. No entanto, se você tem uma intenção interior forte, como "descobrir mais sobre si mesmo", o processo de abrir mão do vício fica em alinhamento com sua intenção e é sustentado por ela. Você passa a descobrir coisas sobre si mesmo à medida que se dá conta de todos os apegos e maneiras pelas quais se tornou dependente. Você pode inclusive se dar conta de que tinha essa dependência como uma forma de se conectar a si mesmo, e quando descobre isso, você também percebe que pode criar uma conexão ainda mais direta mesmo sem o vício.

Sua intenção dispõe para você um espaço seguro conforme você enfrenta desafios. Ela lhe dá força quando sua mente procura algo para amortecer a dor. Sua intenção lhe dá uma perspectiva que enxerga além da dor momentânea de abrir mão de uma história antiga e ajuda você a se orientar no sentido de seu alinhamento mais elevado. É um lembrete constante do que você realmente almeja e ajuda a remover as distrações mentais que tentam desviar sua atenção.

Sua intenção foca a sua atenção. É o que permite que você dê total atenção à sua criatividade, ao amor, à alegria. Sua intenção bloqueia o ruído mental que te separa daquilo que você é. Sua intenção *é* o que você é. É a sua verdade, é a sua voz atravessando o caos da mente e dizendo poderosamente "Chega de Oreos — eu quero prosperar, caramba!" É levantar do sofá e levar você para passear na natureza. É trabalhar através de você e trazer a verdadeira criatividade para o seu trabalho. Sua intenção é você, o verdadeiro você.

Portanto, não diga que você *tem* uma intenção interior — você *é* a sua intenção interior. Você é *descoberta, liberdade, amor, alegria*. Você é *milagre*, você é *vida*. Sinta-se livre para mudar seu nome legal de acordo com essa sua nova intenção. Confesso que, em outros tempos, eu teria tirado sarro de alguém que mudasse o nome para Milagre de Tal para corresponder a uma nova realização espiritual, mas hoje não. Hoje eu entendo, e prometo que não tiraria sarro se você mudasse seu nome.

O que aconteceria se você realmente começasse a viver de acordo com sua intenção interior? Como seria ser *paz*, em vez de décadas de velhas histórias de arrependimento, de mágoa, de não se sentir merecedor? Como seria ser *liberdade*, em vez de todos os padrões que seus pais e antepassados passaram para você? Como seria ser *abundância*, em vez da preocupação de não ser suficiente ou adequado?

Este é um paradigma completamente diferente. É viver *como* alguma coisa, em vez de buscar alguma coisa que você acha que *talvez possa ajudá-lo a se sentir um pouco melhor por algum tempo no futuro*. Vê como isso é insano e quantas camadas distantes da verdade é viver com uma mentalidade de buscar metas? Quando você busca, quando persegue uma meta, você tenta obter um sentimento por meio de algo externo que fará apenas temporariamente você se sentir do jeito que quer se sentir. Precisamos parar de procurar um substituto barato para algo que já temos. É como ter um bilhão de dólares no banco mas comprar obsessivamente jogos de *Banco Imobiliário* para ter dinheiro de mentirinha. *Você já é o que você procura.*

Então, consegue ver como a abundância é um efeito colateral óbvio de viver de acordo com a intenção interior que você criou? Como tudo pode ser diferente quando você incorpora mais do que você é? Como os vícios e hábitos mentais que custam seu tempo, dinheiro e energia começam a cair quando você permite que sua intenção interior o conduza para um alinhamento mais amplo?

Se você sente isso, então saiba que está mudando de canal — está mudando do jeito que a sociedade programou você para viver para uma realidade inteiramente nova, com uma quantidade infinita de possibilidades. Quando a pessoa vive em sua intenção interior, ela é invencível, ninguém a segura. Isso é mais do que criar uma vida de abundância, e obviamente é o que acontecerá agora que você tem esse grau de consciência do que você é. Estamos alcançando níveis que transformam o mundo, chegando a um lugar em que o subproduto de tornar-se mais do que se é de fato impactará todos à nossa volta, e talvez o mundo.

Você nasceu para isso. Se você chegou até aqui, está lendo, compreendendo e sentindo um livro que é um chamado para cada pessoa que estiver aberta para descobrir o que realmente é. Você é extremamente especial, é uma das poucas pessoas que têm a visão de uma vida de possibilidades fora daquilo que aparece na

TV. Está transcendendo uma vida do que você não é e entrando em uma nova dimensão. Do lado de lá disso tudo está uma vida inteiramente nova — mas é preciso que *você* escolha vivê-la.

Estamos, agora mesmo, no alto de uma montanha-russa, e está na hora de largar mão de tudo o que nos mantinha presos aos nossos vícios mentais. É hora de trocar de lugar com nossa mente e deixar que nossa intenção assuma o comando. Ótimo trabalho até agora, viu...? Obrigado por tudo, deste ponto em diante deixa com a gente. Esta é nossa revolução interior. Isto é liberdade.

A propósito, eu estava brincando quando sugeri que você mudasse seu nome de acordo com sua intenção interior, mas o que você *deve* considerar seriamente é deixar que sua intenção interior substitua a identidade mental à qual você está se apegando. A maioria das pessoas criou uma identidade inconsciente que está vinculada a todas essas coisas das quais tentavam obter resultados externos — o negócio próprio, o emprego, a conta bancária, o relacionamento, as conquistas. Inconscientemente, elas acreditam que são essas coisas. Essa é a fonte do sofrimento. A fonte do seu sofrimento, no passado, era que você não estava conectado com uma intenção que entende que essas coisas externas não são você. Essas coisas estão desmoronando para aproximar você da sua intenção.

Quando você incorpora o que você é, essas coisas vêm e vão, e embora às vezes possa ser um desafio, não causam o mesmo tipo de sofrimento de quando você acreditava que uma parte sua estava morrendo porque seu negócio está enfrentando dificuldades. Quando nos identificamos com nossas circunstâncias externas, pode parecer literalmente que perdemos um membro quando essas coisas se perdem. Quando vivemos em nossa intenção e permitimos que *essa* seja nossa identidade, nossos braços e pernas não correm risco.

Um emocionante exemplo disso, baseado em burritos: recentemente, fiz uma dieta de suco. No dia em que comecei, minha noiva, Christy, foi ao mercado e comprou uma porção de guloseimas para mim, porque eu ainda não tinha contado a ela que estava fazendo a dieta. No final do primeiro dia de dieta, que é exatamente quando minha mente começa a questionar a coisa toda e tenta convencer meu corpo de que dietas do suco são uma estupidez e um perigo, descobri que ela tinha comprado para mim o melhor burrito do mundo. Como você já deve ter percebido, eu adoro burritos, em um nível nada saudável. Então, como você pode imaginar, aquele burrito que Christy havia comprado, que representava o amor de minha mãe, era extremamente tentador. Isso aconteceu no dia em que o conceito de *conectar à intenção interior, em vez de aos resultados externos* havia se apresentado para mim de uma maneira grandiosa. Eu tinha compreendido que em vez dos resultados que eu procurava nas dietas e exercícios que fazia, o que eu precisava era da intenção interior de aprender a ter *paciência*. Porém, quando o burrito apareceu na minha frente, tive um resultado imediato disponível para mim, que era muito mais empolgante para minha mente do que a ideia de ter paciência.

Então eu peguei o burrito e no mesmo instante senti toda a dor da minha velha história vindo à superfície. Eu queria *tanto* comer o burrito! Era a identidade do menino tentando receber o amor da mãe que queria comer. Nesse momento, eu me lembrei de que o que eu sou é paciência, e não a identidade da minha velha história. Segurei o burrito, conectei-me com minha intenção e senti tudo o que eu era desmoronar. Comecei a chorar, pra valer.

Eu sei que deve ter sido a primeira vez, senão a única, em que um adulto chorou por causa de um burrito, mas foi a esse ponto que eu quis comer aquele burrito — a ponto de chorar, muito. Naquele momento, minha intenção preencheu o espaço que meu apego mental a um velho jeito de ser ocupava, e esse velho jeito de ser saiu pelos olhos. Ser paciência, em vez de minha velha identidade, permitiu-me abandonar um hábito que teria me proporcionado conforto por um momento, mas também teria me mantido em um círculo vicioso e preso na dor da minha infância.

Alguns dias depois, subi na balança, e, em vez de emagrecer, eu estava pesando mais. Mas que diacho...? Eu estava fazendo dieta, recusando burritos e me exercitando feito um doido. Então me lembrei de que minha intenção era paciência e fiquei empolgado com a ideia de estar prestes a dar um passo na direção de minha intenção interior e incorporar ainda mais a paciência em minha alma. Se minha intenção fosse *resultados*, eu teria ficado frustrado e chateado, provavelmente teria parado a dieta e esquentado aquele burrito — como já fiz muitas vezes antes. Mas em um espaço em que eu era paciência, eu estava em um mundo completamente diferente. Eu me mantive firme e aprendi coisas sobre mim que não sabia que precisava aprender. Não fiquei frustrado; fiquei entusiasmado com o que eu estava me tornando. Desse novo canal, uma vida completamente diferente começou a se revelar. Um *eu* inteiramente novo estava emergindo, por causa de um simples burrito.

Qual é o seu burrito? O que é que chama você para sua velha história e que pode perder força mediante sua conexão com o que você é? Talvez sejam burritos também. Ou outra coisa, o que é mais provável, levando em conta a quantidade de coisas que existem. Seja o que for que esteja mantendo você preso em uma história de limitação, apenas tente incorporar sua intenção interior e veja o que acontece na próxima vez em que você se sentir atraído por ela. Esta é a grande tarefa. É tornar-se o espaço que a história é, em vez da história. É conectar-se com seu eu universal, expandir sua consciência. Você não vai acreditar no poder que vem de encarar um hábito vicioso e deixar que todas as partes ilusórias do passado sejam substituídas pelo conhecimento de seu propósito maior.

Não deixe que isso seja apenas um conceito. Traga para o seu corpo, experimente, pratique. Pratique permitir que sua intenção interior se sobreponha aos seus apegos mentais inconscientes nos pequenos momentos, como com tacos, e ficará mais fácil nos grandes momentos, como com burritos. Tudo o que fazemos é em uma ou outra situação: ou quando somos atraídos para a expansão da alma ou quando nos restringimos viciosamente à história mental de quem fomos induzidos a acreditar que somos.

É como se você estivesse constantemente participando do programa *Vamos Fazer um Acordo* e escolhendo entre a porta que sua intenção interior quer (porta número um) e a porta que sua identidade egoica inconsciente quer (porta número dois). Seu coração tenta constantemente induzi-lo a escolher a porta número um, atrás da qual estão a criatividade, a realização, a abundância e uma casa nova, mas sua mente tenta convencê-lo a escolher a porta número dois, atrás da qual só tem pizza fria e tristeza. Quando você dá ouvidos a sua velha história e escolhe a porta que guarda pizza fria e tristeza, perde todas as coisas incríveis que estão atrás da porta número um, só que você nem sabe disso — você só sabe que, pelo menos, sentiu um pouco de alegria ao comer pizza fria.

Assim, toda vez que você novamente tem de escolher entre duas portas, sua mente te lembra daquela pequena alegria que você sentiu ao comer pizza fria e insinua que você perderá isso se não escolher de novo a mesma porta. Estamos constantemente escolhendo pizza fria e tristeza por causa do medo de perder isso — sem fazer ideia do que existe além.

Sempre parece que estamos perdendo algo muito maior do que realmente estamos perdendo.

A porta número dois para um fumante é decidir continuar a fumar, o que proporciona cerca de cinco minutos de relaxamento, uma vida inteira de redução de capacidade dos pulmões e uma maior possibilidade de câncer. A porta número um seria *parar* de fumar, o que significaria saúde melhor, menos gasto e a oportunidade de ficar em quartos de hotel onde houve menos festas de despedida de solteiro. Nossa mente é mestre em nos persuadir a escolher a porta número dois, mesmo quando há tantas desvantagens óbvias e apenas uma pequenina vantagem.

O mundo está em piloto automático, constantemente escolhendo a porta número dois e nos fazendo sentir que é isso que devemos fazer. Ele embrulha a porta número dois para presente com laço de fita e tenta nos convencer de como será incrível se a escolhermos. Mas você só precisa comprar outdoors para alguma coisa se for à porta número dois. Só precisa contratar uma modelo sexy para promover algo se não for bom para você. A natureza não tem outdoors. A meditação não tem infomerciais. Você nunca é interrompido durante o jantar por um operador de telemarketing insistindo para você passar tempo de qualidade com sua família. A verdade não precisa de manipulação, não precisa de truques. Ela arrasa por si só. Ela é melhor que tudo, pois é a verdade. Você só precisa de anúncios para fazer algo que não é verdade parecer que é verdade. É bastante óbvio quais são as portas número dois neste mundo, mas por alguma razão a maioria das pessoas ainda se ilude em escolher as coisas que as afastam do que elas são por causa de um hábito vicioso que as isola de sua alma.

Existe uma abundância muito vasta esperando por nós se estivermos conectados à nossa intenção interior, se tivermos um pouco de fé e começarmos a escolher a porta número um — mesmo que seja doloroso, mesmo sabendo que perderemos alguma coisa que nos dá prazer. Existe lá fora algo muito maior que o prazer, algo muito mais gratificante que a diversão e muito mais permanente que o sucesso externo. Existe uma abundância inimaginável que começa a se revelar quando permanecemos na intenção de abrir mão de nossa mentalidade de buscar alguma coisa e deixamos que a vida nos preencha de dentro para fora. Substitua suas portas número dois pelas portas número um, crie uma nova identidade que esteja conectada à visão e ao poder que estão disponíveis neste momento e, nesse processo, descubra o que você realmente é.

> ### *Ação: Vamos Ver o que Tem Atrás da Porta Número Um, Pessoal!*
>
> *Passe algum tempo, hoje ou amanhã, na natureza, sem distrações — mesmo que seja em uma praça próxima. Não leve o celular. Preste atenção ao modo como a natureza se move. Repare em quantas coisas na natureza refletem sua intenção de volta para você. Por exemplo, se sua intenção for paciência, perceba o modo como as árvores constantemente incorporam paciência, a cada momento. Se sua intenção for incorporar a verdadeira criatividade, explore toda a infinita criatividade que a natureza usa em tudo que ela faz. Repare também em quantas portas número dois, quantos desejos egoicos se dissolvem na presença e na verdade que te rodeiam na natureza. Depois veja quanto dessas qualidades da natureza você consegue trazer de volta para seu cotidiano para ajudar a fortalecer e sustentar sua intenção.*

CAPÍTULO 13

DOAÇÃO

Agora que estamos mudando de canal, removendo padrões viciosos pesados que nos mantêm em um estado protetor e descobrindo que temos dentro de nós um suprimento infindável daquilo que procuramos, nossa evolução natural nos conduzirá cada vez mais para a vibração da *doação*. É assim que funciona. Quando você vive de acordo com seu coração e sabe que tem um suprimento abundante daquilo de que precisa, você naturalmente quer dividir com os outros. Doar também é uma forma de provar para si mesmo que você é abundante. Quando estamos na vibração de buscar alguma coisa, nosso sentimento generalizado é o de que não temos o suficiente, por isso tendemos a proteger o pouco que acreditamos ter — mas não é assim que a vida funciona.

A vida está constantemente doando e dividindo e colaborando consigo mesma. O Sol fornece constantemente luz para a Terra. A Terra está sempre compartilhando seus nutrientes com as árvores. As árvores naturalmente fornecem frutos para os animais. Imagine uma macieira que acumulasse maçãs por causa de uma crença mental de não ter o suficiente. Ela não conseguiria produzir novas maçãs, porque seus galhos estariam carregados de frutos velhos e apodrecidos.

Na realidade, a macieira não tem medo de ficar sem maçãs; ela simplesmente as produz e deixa que sejam colhidas. Ela sabe que tem acesso à quantidade exata de maçãs de que precisa. Eu não sou botânico, portanto, esta é apenas uma metáfora baseada na minha intuição sobre macieiras. Eu não faço ideia de como elas pensam, mas elas parecem ser bem tranquilas em relação às suas maçãs.

Doar é uma maneira de constantemente renovar-se e manter-se mais conectado à sua abundância interior do que ao seu apego mental a coisas externas. Pode ter um efeito terapêutico doar uma considerável quantia de dinheiro e permitir que a antiga identidade que acreditava *ser* o dinheiro se desfaça. Uma grande mudança nessa área aconteceu comigo há alguns anos, quando fui a um evento para arrecadar verba para que crianças que vivem em uma região subdesenvolvida da África pudessem frequentar a escola — para cada US$100 doados, uma criança poderia frequentar a escola por um ano. Eu já tinha feito doações no passado, mas nesse evento, uma voz dentro de mim me dizia para doar mais do que de costume — era como uma inspiração tomando conta do meu corpo e que dizia: "E se a gente doasse uma quantidade de dinheiro bem generosa?" Fiquei muito entusiasmado com a ideia de doar US$10 mil e proporcionar a cem crianças um ano de estudo. Foi um sentimento inspirador para mim. Eu não fiz isso para obter nada em troca; apenas senti um bem-estar em colaborar. Então segui esse chamado, dei um salto e doei US$10 mil. (Sei que pode parecer que estou me vangloriando, mas estou contando isso para mostrar o que aconteceu quando dei mais do que minha limitação. Mas tudo bem, eu sou um cara legal, sim.) Doar esse dinheiro foi assustador, porque era muito para mim, mas também foi extremamente gratificante. Eu senti, em meu corpo, que era uma ação que me levava para além de mim mesmo e me aprofundava na energia colaborativa de doar.

Na época, eu me apresentava em universidades como comediante e ganhava cerca de US$7 mil. Um dia depois de doar os US$10 mil, fui contratado por uma universidade que queria me pagar US$17 mil — exatamente US$10 mil a mais do que eu ganhava. Não estou dizendo que algo mágico tenha acontecido para criar uma situação em que o dinheiro voltou para mim imediatamente, mas sei que, ao doar aquele dinheiro, senti como se estivesse me libertando de uma parte minha que ia atrás de dinheiro e que eu estava abrindo espaço para algo maior vir até mim. Energeticamente, não era normal para mim abrir mão daquele dinheiro todo — eu me via valendo menos que isso. Mas ao doar aquele valor, foi como se eu me abrisse, e senti um grau de valor mais alto, que, por sua vez, trouxe um fluxo mais rápido. Assim, não só os US$10 mil retornaram no dia seguinte, como alguma coisa mudou dentro de mim, algo que me fez perceber que quando você entra em alinhamento com a doação, também entra em alinhamento para receber — uma lição que sei que trouxe de volta para mim muito mais do que eu havia doado. *A capacidade de receber é igual à capacidade de doar, e vice-versa.*

A quantidade que você pode doar está baseada em até que ponto você entende que está conectado à *fonte* do dinheiro, mais do que ao dinheiro. Não estou dizendo que você deva sair doando dinheiro para receber dinheiro, porque isso não funciona. Se você doa para receber, está energeticamente dizendo que tem falta. Então, provar para si mesmo que você é a fonte de sua abundância doando além de sua velha história pode ser uma maneira poderosa de se libertar daquele seu lado que está bloqueando a abundância e impedindo-a de chegar. Quando você entrega a alguém um cheque, ou doa seu tempo ou sua energia de tal maneira que faça você se expandir, você literalmente entrega uma representação de sua velha história e abre espaço para uma realidade nova.

Ao fazer algo desse tipo, você está fazendo algo altruísta, ou seja, *não ego*ísta, o que significa que está tomando uma atitude na qual o "ego" não está envolvido. Se você quer expandir para a unidade com a vida e experimentar a verdadeira conexão com o que você é, precisa transcender a ideia de que existe uma parte sua que é separada do resto. A ideia de você separado do Universo é um vício, e não é verdade.

Oportunidades fantásticas se apresentam quando você começa a se mover para um lugar de não egoísmo. Até mesmo sair para uma caminhada e recolher lixo por algumas horas faz com que você comece a pensar de um modo mais universal, em vez de em termos de sua pequena história que tem tantos problemas para resolver. Tornar-se altruísta possibilita que você se conecte a uma frequência mais alta que seus problemas, e também mais alta que tudo o que você achava que queria. Em um lugar de verdadeiro altruísmo, você descobre que, na realidade, não quer nada. Era só a sua pequena história que acreditava ser separada e que queria aquelas coisas todas. Quando você se conecta a um sentimento de realmente não precisar de nada para ser feliz (o que deixa você livre para doar ainda mais), você se torna um espaço sólido para receber, porque a vida sabe que você realmente participa da circulação da abundância.

Eu sei que algumas pessoas que estão lendo este livro agora podem sentir que não têm o suficiente para doar, para começo de conversa. Eu entendo, mas é possível também, em alguns casos, que você não tenha o suficiente para dar porque não está doando de uma forma que o coloque em alinhamento com o receber. É comum termos um estado mental protetor com relação ao nosso tempo, nossa energia e nosso dinheiro, e ao fazer isso, dizemos a nós mesmos que não somos suficientes — e a vida acaba correspondendo a esse sentimento. Quando enxergamos nossa capacidade de doar com base na quantidade que temos no momento, limitamo-nos ao nível de nossa história atual e vivemos dentro dessas limitações. Se você diz que não pode doar além de sua história habitual, também está dizendo que não pode *receber* além de sua história, e fica preso no mesmo lugar. Muitas pessoas se convencem de que, assim que tiverem dinheiro ou sucesso, *então* elas serão generosas e começarão a doar — mas geralmente é o fato de que elas estão apegadas ao dinheiro, e não abrindo mão dele, que de fato impede que consigam criar abundância. Precisamos primeiro ultrapassar o medo de nos libertar de nossa velha história de limitação para alcançar a energia da doação e do altruísmo, e *então* a abundância fluirá.

Nós já recebemos tanta coisa, a todo instante... Recebemos vida, consciência, oxigênio, um planeta, a luz do Sol. São tantas as dádivas que nos permitem estar aqui, agora! Quando doamos ao mundo, do modo como for, do jeito que pudermos, nós nos alinhamos com a mesma energia universal com que bate nosso coração. Quero manter em nós o hábito de reconhecer as dádivas inacreditáveis a nossa volta, de modo que possamos alcançar a energia abundante que nos permite compartilhar ainda mais. Quando compartilhamos a abundância que descobrimos em nós mesmos, nós nos conectamos àquilo que somos. Movemo-nos além das barreiras mentais que nos mantêm separados de nós mesmos e dos outros e alcançamos um verdadeiro senso de unidade com a vida. Não somos apenas seres separados competindo uns com os outros — nosso coração bate porque está conectado à mesma coisa, e estamos aqui para ajudar e apoiar uns aos outros conforme crescemos em direção ao próximo estágio de nossa evolução.

Dar dinheiro a alguém que realmente precisa pode nos fazer sentir muito melhor do que comprar tranqueiras de que não precisamos. Se você consegue enxergar uma pessoa como merecedora de receber, isso é a prática para você enxergar a si mesmo como merecedor de receber. Quando você testemunha a alegria que uma pessoa sente ao receber algo maior do que ela se considera, você está dizendo a si mesmo que *você também merece receber mais do que se sente merecedor*. Eu sei que existe uma parte de nossa mente que pode achar que não devemos dar dinheiro a outra pessoa porque trabalhamos para ganhar esse dinheiro, e ela não. Isso de certa forma é verdade — é o nível da mente desconectada que nos faz sentir separados e que cria sofrimento. Quando dou dinheiro a um sem-teto, dissolvo a barreira que diz que ele é diferente de mim. Eu sei que ele pode usar esse dinheiro para comprar bebida ou droga, mas isso não é da minha conta. O que é da minha conta é seguir o chamado do meu coração, e meu coração quer dividir. Ele quer doar. Ele quer que aquela outra pessoa saiba que não está sozinha no mundo, o que prova tangivelmente para mim que eu *também* não estou sozinho no mundo. Em vez de julgar a pessoa por ter uma vida sobre a qual eu nada sei, meu coração quer dividir com alguém um pouco da abundância interior que cultivei, para que a humanidade possa avançar e nós possamos parar de lutar uns com os outros. Eu sei que dar US$100 para um sem-teto não impedirá que as guerras aconteçam, mas se começarmos a nos mover em direção à vibração de nos enxergarmos como todos conectados, ao invés de separados, pode ser que não sejamos tão preocupados e apegados ao dinheiro, que, afinal, parece nos dividir.

Doar é uma das maneiras mais fáceis de superar a história mental que nos diz que precisamos ganhar, proteger, acumular. É uma ação que religa nosso sistema nervoso e sintoniza nosso corpo na frequência das possibilidades. Doar é um exercício de viver no momento e sair do passado e do futuro. Doar desafia tudo o que a mente foi treinada para fazer. Por isso, quero desafiá-lo a doar de uma maneira que seja, pelo menos, um passo além do que é confortável ou normal para você, e começar a experimentar como é ser um espaço em que o dinheiro e a energia têm liberdade para se mover sem resistência. Se você for atendido por um garçom ou garçonete que realmente preste um serviço sensacional, enlouqueça-o(a) dando uma gorjeta maior do que todas as que você já deu na vida. Se você encontrar alguém que esteja precisando de ajuda, ajude, passe algum tempo com a pessoa — faça alguma coisa da qual você nunca mais esqueça. É muito melhor do que ficar sentado em casa assistindo a um filme.

E é claro que doar não se refere somente a dinheiro. Pode ser seu tempo, sua presença, seu conhecimento, seus pertences, sua criatividade — mas seja o que for, certifique-se de que você está doando de uma maneira que desafie sua velha história e se force a avançar mais profundamente em sua abundância e intenção interiores. Por favor, não doe nada que coloque em risco o pagamento do financiamento de sua casa ou que possa resultar em ter seu carro penhorado. Isto não se trata de uma competição para ver até que ponto você "confia no Universo". Vá apenas um ou dois passos além do que seria normal para você doar e se permita sentir o modo como seu ego tenta justificar por que você não deveria doar tanto. E somente quando for algo que tenha um apelo para você. Não é só a doação em si, é a resposta a um chamado que conduz você em direção ao crescimento.

Por meio da prática de doar, descubra as maneiras como sua mente tem impedido que você compartilhe com o mundo aquilo que você possui. São as mesmas maneiras que te mantêm desconectado de si mesmo e da abundância infinita que existe dentro de você. Force-se além e sinta todas as emoções que surgem. Se surgirem receios ou emoções penosas, compreenda que são os vínculos com sua velha história que estão sendo removidos de seu corpo conforme você tenta doar de uma forma que é maior que sua história. Além dessa sensação de sofrimento estão uma liberdade e um espaço onde um novo nível de criatividade e abundância poderá surgir.

Quase todo mundo que conheço que doa generosamente é abundante. As pessoas que conheço que são extremamente generosas normalmente são também as mais felizes. Não estou falando de pessoas que doam para agradar, ou em reação a um tomador. Estou falando de pessoas que vivem em uma energia abundante, versus uma energia de falta, e que doam dessa energia abundante. Estou falando das pessoas que têm um senso sólido de abundância interior que faz com que se sintam felizes por pagar uma refeição, por não regatear preços, por tirar um tempo do trabalho para dedicar a um amigo que esteja precisando. Essas são as pessoas que vivem mais no espaço conectado de seu corpo do que nos sistemas rígidos de crenças. São também as pessoas para quem os outros se sentem mais seguros em doar, em colaborar. As pessoas enraizadas em seu próprio senso de abundância atraem outras que também estão, da mesma forma, conectadas a sua abundância, e é comum se reunirem e colaborarem para criar ainda mais abundância. Portanto, quando damos dinheiro, roupa ou alimentos para uma pessoa em situação de rua, ou para uma instituição de caridade, ou quando prestamos serviço voluntário em uma casa de repouso, estamos, na verdade, conectando-nos a uma rede de pessoas que agem pelo coração e que também vivem em sua abundância. Quando retemos alguma coisa, por medo ou pelo sentimento de não ter o suficiente para dar, criamos uma vibração de falta que um sócio potencial, por exemplo, pode perceber e sentir que talvez não valha a pena trabalhar com você. Quando você se permite romper o hábito da falta e pender na direção da confiança, você se torna um espaço seguro de possibilidades para que outros colaborem com você.

Uma valiosa lição de vida que se apresentou para mim, anos atrás, foi quando eu estava nos bastidores com Jim Carrey depois que tive a honra de trabalhar com ele e Eckhart Tolle em um evento chamado GATE. Lembro-me de sentar ao lado de Jim por cerca de vinte minutos nos bastidores do palco, e a certa altura falei: "Eu adoraria fazer um filme com você um dia." E ele respondeu: "Então vai acontecer!" Ele disse isso em um tom como se dissesse "Confie. Continue crescendo. Não se preocupe agora com o que você quer. Simplesmente seja você mesmo". Depois que ele disse isso, eu me dei conta de que o que eu realmente havia dito para ele era: "Eu quero que você me coloque em um dos seus filmes."

Dizer aquilo não tinha nada a ver com colaboração, porque eu tinha muito menos para oferecer a ele do que ele tinha para oferecer a mim. Provavelmente eu não era um espaço seguro para ele me doar qualquer coisa, porque eu não estava doando para ele; eu estava praticamente pedindo um favor. Por esse motivo, não haveria uma reciprocidade se ele desse um telefonema e me colocasse em um de seus filmes. Não seria um fluxo fácil. Eu havia feito uma declaração sob o pretexto de "Vamos trabalhar juntos", mas naquele momento Jim Carrey tinha um alinhamento mais elevado que eu — por isso a ideia de trabalhar juntos não alinhava.

À medida que minha carreira progrediu, eu me vi na outra ponta dessa conversa, muitas e muitas vezes. Não faço absolutamente nenhum julgamento quando isso acontece, mas é comum as pessoas me pedirem favores sem necessariamente sentirem que estão em alinhamento para receber o que estão pedindo. Eu sou aberto para trabalhar com qualquer pessoa, e qualquer pessoa pode elevar seu alinhamento para um lugar em que não seja necessário outra pessoa fazer um esforço para colaborar com ela, mas agora eu sei exatamente o que Jim Carrey sentiu quando perguntei a ele se podíamos trabalhar juntos.

O sentimento que Jim Carrey teve comigo, que é o sentimento que hoje eu tenho com outras pessoas que se sentem fora de alinhamento, não tem nada a ver com Jim Carrey ou comigo — é uma coisa universal. Esse sentimento é o Universo dizendo: "Não, não há alinhamento agora." Em vez de ficar desanimado por causa de uma oportunidade com a qual você não está alinhado, fique entusiasmado com a oportunidade de elevar seu alinhamento. Uma das principais maneiras pelas quais isso acontecerá é, em vez de procurar oportunidades de obter algo dos outros, começar a procurar oportunidades de doar aos outros *sem esperar nada em troca*.

O modo como muitos de nós fomos ensinados a doar é condicional — nós esperamos obter alguma coisa daquilo que damos. O que estou falando aqui é sobre doar em um nível inteiramente novo, não dar para receber — mas dar de tal maneira que nos conecte ao mundo a nossa volta e permita que a vida trabalhe por nosso intermédio.

É servir à vida, em vez de servir apenas a nós mesmos. É escolher parar de destruir o planeta em uma busca constante por mais e começar a avançar de uma maneira que nos dê um futuro. É ir além do individual em direção a uma harmonia com o todo. Doar é a oportunidade de provar a si mesmo que o passado não determina o valor e o merecimento de receber, e que você é mais do que suas crenças. Doe de um modo que force você um pouco mais a cada dia e observe o mundo se tornar um lugar mais generoso.

Ação: Acabe com Suas Limitações Doando Além Delas

Conforme mencionado neste capítulo, faça alguma coisa que apele para seu coração e que te expanda além de sua pequena história, em contribuição com outra pessoa ou com o mundo como um todo. Seja recolhendo lixo, passando algum tempo em um hospital infantil ou escrevendo cartões de agradecimento para pessoas da sua vida, veja se você consegue fazer algo que te leve a doar em um nível em que você nunca tenha doado antes. Veja se consegue ir para um lugar de altruísmo enquanto olha para o mundo através dos olhos do Universo, versus os olhos apenas do seu ego separadamente de todo o resto.

CAPÍTULO 14

VOCÊ NÃO POSSUI NADA E POSSUI TUDO

Pode ser chocante, mas sabia que o dinheiro que você tem na sua conta não é seu? Sério. Você não possui esse dinheiro. Não estou dizendo que você seja um criminoso ou algo assim. Só estou dizendo que antes de esse dinheiro estar na sua conta, ele era de outra pessoa, e em algum momento você o trocará por alguma coisa e ele irá para a conta de outra pessoa.

Apesar de o dinheiro circular constantemente pela nossa sociedade, temos um modo subconsciente de agir como se o dinheiro que possuímos fosse nosso e somente nosso. Essa crença que nos faz sentir como se possuíssemos o dinheiro que temos é *também* aquilo que mantém fora do alcance todo o restante do dinheiro do mundo. A crença de que possuímos nosso dinheiro cria uma crença similar e oposta de que *não* temos acesso a todo o outro dinheiro que existe no mundo.

Quanto mais uma pessoa acredita que possui os dois mil dólares que estão em sua conta bancária, e quanto mais protetora ela for com relação a eles, mais ela reforça a crença de que os outros trilhões e trilhões de dólares que existem no mundo *não são dela*. É como se você fosse à praia e, em vez de aproveitar toda a extensão de areia, quisesse ser dono dessa areia. Tudo o que você tem no momento é uma mochila, então você começa a colocar o máximo de areia possível dentro dela. Aí você tem 50 quilos de areia na mochila e não consegue dar um passo. Também não pode tirar um pouco porque não quer que alguém roube. Existem milhões de quilos de areia a sua volta, mas você não tem acesso a ela por causa de sua crença limitada de que você possui o que está em sua mochila. É assim que fazemos com o dinheiro. Nós nos aprisionamos dentro da caixa do que temos no momento e nos isolamos do fluxo ilimitado de abundância à nossa volta porque não compreendemos que ninguém é dono da areia — apenas desfrutamos dela por algum tempo.

E se você não acreditasse que tem apenas o dinheiro que está na sua conta, e em vez disso compreendesse que tem acesso a *todo* o dinheiro do mundo? Bem, você tem. Você tem acesso a todo ele, todo mundo tem. Quando você incorpora isso e se liberta da pequena história de suas circunstâncias atuais, começa a elevar sua perspectiva e a criar um valor que se alinha com toda a abundância que está aí para você. A crença de posse é uma vibração estagnante de medo que nos impede de mudar para uma dimensão de fluxo em que há menos posse, porém mais abundância e liberdade para todos.

O conceito de possuir algo é uma ilusão totalmente mental. Quando tentamos possuir alguma coisa, tentamos fazer daquilo uma parte do que somos. A mente tenta constantemente se construir se apegando a coisas do mundo externo para poder se proteger. Quando acreditamos que possuímos uma coisa, dizemos para nós mesmos que aquilo é nosso e de mais ninguém, e que se alguém tenta tirar aquilo de nós, essa pessoa está nos atacando diretamente. Na verdade, a ideia de possuir alguma coisa nos deixa extremamente vulneráveis. É como ter um carro novo e ficar obcecado em não deixar que ele seja arranhado. A primeira vez em que um carro novo fica arranhado ou amassado pode causar literalmente dor física em algumas pessoas. É quase como se o corpo da pessoa estivesse machucado — às vezes até pior. Quando assumimos a crença de que podemos possuir qualquer coisa, criamos um medo instantâneo de perder o que acreditamos possuir — e a sensação é de perder uma parte de nós.

Eu estava conversando com uma amiga um dia desses, e ela me disse que não compra coisas caras porque tem medo que quebrem, ou sejam avariadas, e eu perguntei: "É assim que você lida com os relacionamentos também? Você não quer ter um relacionamento definitivo porque pode perdê-lo? Será que isso também não te impede de receber montantes de dinheiro, porque poderá perder tudo?" Ela tinha uma crença predeterminada de que perderia alguma coisa, o que, antes de mais nada, provavelmente a impedia de receber essa coisa — e que na verdade é o mesmo que perder sem ao menos ter tido a chance de aproveitar um pouco. Ela também está perdendo todo o crescimento que poderia ganhar com a experiência.

Até que ponto uma crença de posse inconscientemente te aprisiona à crença de que você pode experimentar sofrimento? E se desfazer esses medos te levasse a um nível de abundância em que as coisas podem ir e vir sem sofrimento algum?

Possuir (e ter medo de perder o que você possui) é uma completa contradição à vibração de *doar*. Doar requer que você se liberte do apego àquilo que está doando, o que permite que você expanda para um espaço maior e mais conectado. Possuir cria um apego mental, o que cria uma camada de separação entre você e os outros, porque você está apegado àquilo, seja o que for, e protegendo aquilo do mundo. Não estou dizendo para você não possuir coisas, tampouco estou defendendo o comunismo, nem nada disso. Sei que sempre vamos querer ter um carro, uma casa, roupas e a trilogia *De Volta para o Futuro* em Blu-ray. O que estou fazendo é apontar para um modo vibracional de ser que pode nos permitir ir além do modo tradicional de enxergar a posse, que é uma das principais causas de praticamente todas as guerras que acontecem neste mundo.

Por exemplo, a ideia de possuir um pedaço de terra é uma coisa bem estranha da parte dos humanos, e também uma das principais causas de violência neste planeta. Felizmente, os ursos não têm documentos para provar que são os verdadeiros proprietários da terra, caso contrário, estaríamos todos ferrados. Se alguém pisa em um pedaço de terra que é nosso, achamos que a pessoa está pisando em nós. Mas ela não está pisando em nós; nós estamos aqui. Nós não somos as coisas que possuímos. Não somos as pessoas que namoramos, não somos as opiniões dos outros. Nós somos *nós*.

É como respirar. Se você inspirasse o ar e achasse que é dono desse ar — e quisesse se certificar de não perder esse ar e de que ninguém mais pudesse ter esse ar — teria de segurar a respiração para sempre, e obviamente morreria. Para sobreviver, nosso corpo constantemente traz para si aquilo de que necessita e deixa ir quando não é mais necessário, o que deixa outra pessoa, ou outra coisa, livre para usar aquilo. A água entra em nosso corpo e sai quando é a hora. Nossa pele e nossos órgãos constantemente usam nutrientes e minerais que obtemos da terra para nos renovarmos e depois deixam cair as células velhas para que retornem à terra. Uma coisa que eu soube é que cada célula de nosso corpo é substituída de tempos em tempos, em um período de alguns anos (não leve minha palavra muito a sério, eu não terminei a faculdade... e tenho preguiça de descobrir como foi que eu soube disso). Então, se o corpo em que vivemos não tenta se apegar a si mesmo pelo resto da vida, por que tentamos nos apegar a coisas que obviamente não são parte de nós? Essa identificação mental com as coisas que nos cercam é uma espécie de doença que nos afasta cada vez mais de nosso núcleo.

O seu carro é um instrumento. Seu telefone é um instrumento. São coisas que nos ajudam, que nos protegem, mantêm-nos em segurança, e são coisas fantásticas — e se temos a sorte de tê-las, devemos ser extremamente gratos —, mas existe um apego mental a essas coisas que pode nos levar a ser *possuídos* exatamente pelas coisas que pensamos *possuir*. Essa é uma percepção grandiosa — qualquer coisa que você possua *possui você*, nem que seja pelo menos um pouco. Tudo o que possuímos ocupa certo espaço em nosso mundo mental e causa tensão, porque, em maior ou menor grau, somos apegados a essas coisas. Uma parte de nós está sempre acompanhando, protegendo, garantindo, mantendo mentalmente essas coisas. Um dos motivos pelos quais é tão bom sair de férias e ficar em um hotel é porque quase nada do que é seu está lá — você coloca certa distância entre você e a atração gravitacional de todas as coisas que acha que possui. Isso são férias de verdade. Pode imaginar ir para um hotel de dois andares e com um sótão cheio de coisas as quais você teria de triar? Seria relaxante? Você chega lá e tem quinhentas caixas no porão. Louco, não? Bem, por que então *viver* desse jeito?

Geralmente as pessoas acham que a liberdade aparecerá quando elas tiverem toneladas de dinheiro e puderem comprar o que quiserem, mas de muitas formas é exatamente o contrário. Se você compra coisas a partir da energia de querer possuir algo a fim de tornar-se mais, você está acrescentando mais coisas à sua identidade *mental*, e isso provavelmente fará com que você fique menos conectado a si mesmo e à liberdade que você de fato é.

Nós nunca possuímos algo verdadeiramente; apenas tomamos emprestado por algum tempo — e depois, ou a coisa vai embora, ou nós vamos. Sob a crença da posse, preparamo-nos para passar por sofrimento, porque acreditamos que estamos perdendo algo que é parte de nós, em vez de sermos um espaço em que as coisas de nossa vida são livres para ir e vir. A vida é tão mais fácil quando compreendemos desde o início que nada é nosso para sempre! Nada vai conosco quando morremos — nem o carro, nem o emprego, nem o amor de nossa vida, nem nosso corpo.

É isso mesmo — sob muitos aspectos, não possuímos nem mesmo nosso corpo. Sim, é o seu corpo, mas ele não é o que *você é*. Nosso corpo é algo que experimentamos, onde nossa consciência habita, mas ele não nos define. Se perco um braço ou uma perna, não significa que sou menos como pessoa. Nossa consciência e nosso valor permanecem exatamente os mesmos.

Nós não possuímos nem mesmo nossos pensamentos. Eles ocorrem dentro de nossa consciência, mas não os possuímos. Eles vêm e vão a seu bel-prazer. Você não consegue sempre decidir o que pensará. Já aconteceu de você estar em um péssimo estado de espírito e vem um amigo chato dizer para você pensar positivo? Você conseguiu? Não, provavelmente você pensou: "Eu não gosto mais de você, Fulano."

De onde vêm os seus pensamentos, para começo de conversa? Você de fato os cria? Se cria, como foi que começou a criar pensamentos? Aprendeu no YouTube? Eu não faço a menor ideia de como meus pensamentos aparecem, por isso não me aproprio deles. Tenho noção de que se não sei de onde eles vêm, então, por que eu deveria fazer de conta que os possuo ou que eles são o que eu sou?

Eu sou o espaço onde meus pensamentos estão. Sou o espaço onde meu corpo está. Sou o espaço que está consciente de meu carro e da casa onde vivo. Sou o espaço onde um relacionamento com minha noiva está acontecendo. Eu não possuo nenhuma dessas coisas, e nenhuma dessas coisas é o que eu sou. A única maneira pela qual essas coisas podem existir na minha vida é se eu me sentir bem em abrir mão delas. Tenho de estar bem com o fato de que meu corpo envelhecerá. Tenho de estar bem com o fato de que não posso levar minha casa comigo quando eu morrer. Tenho de estar bem com a possibilidade de meu relacionamento acabar — esta é a única maneira de fazer com que exista um verdadeiro espaço de liberdade para nós dois.

Uma das coisas mais estranhas, mas também mais comuns das quais nos apropriamos são as opiniões das outras pessoas. Quantas vezes você mudou seu comportamento com base na opinião ou julgamento de outra pessoa? Isso acontece quando aceitamos o julgamento (na verdade, a nossa percepção do julgamento) e o tornamos parte de quem somos, e então o mantemos vivo dentro de nós conforme nos moldamos na pessoa que achamos que o outro acha que devemos ser. Às vezes nos apegamos às opiniões dos outros a vida inteira e permitimos que as perspectivas deles sobre quem somos sejam mais fortes do que as nossas próprias. Se alguém tem uma opinião sobre você, tudo bem, mas se você acha que é sua responsabilidade fazer alguma coisa a respeito da opinião de alguém sobre você, então está possuído pela opinião dele, o que te isola do seu fluxo único de expressão que está aí para trazer um valor sólido e abundância para o mundo.

Há muitas coisas das quais tomamos posse que nos isolam do fluxo. Por exemplo, você pode ter uma dívida, mas não tem que acreditar que a dívida é o que você é. Sim, você tem que ser responsável e honrar a dívida, mas não tem de carregar a vibração da dívida dentro de você de modo a permitir que a dívida tome conta de todo o seu ser. Você pode ter uma dívida, mas enxergá-la como algo passageiro, como tudo o mais na vida.

Muitas vezes temos o hábito de nos apegar a qualquer coisa que esteja acontecendo no momento e presumir que aquilo nunca terá fim. Seja algo bom ou ruim, nossa mente tem a tendência de achar que aquela experiência durará para sempre. Quando ficamos tristes por mais de duas horas, começamos a surtar, achando que alguma coisa está errada conosco e que nunca mais sentiremos alegria outra vez. Achamos que se estamos com dívidas, vamos *sempre* estar endividados; que se estamos em um relacionamento, estaremos sempre nesse relacionamento. Essa é uma construção mental que não dá ouvidos à verdade sobre a vida. Tudo na vida é temporário. O Sol é temporário, a Terra é temporária — espere, melhor verificar isso — ok, sim, encontrei alguns artigos aparentemente confiáveis dizendo que a Terra se desintegrará daqui a alguns bilhões de anos. Portanto, que boa notícia, nem este planeta está aqui para sempre! Que m....!

Quando entramos em alinhamento com a verdade de como o Universo funciona, as coisas realmente começam a se mover para nós, e começamos a encontrar o verdadeiro poder. Quando abrimos mão da necessidade de possuir coisas ou ter experiências que durem para sempre, abrimos espaço para coisas e experiências incríveis acontecerem bem mais rápido. Até mesmo a melhor experiência possível que você pode imaginar ter — se pudesse durar para o resto de sua vida — ainda estaria bloqueando outras experiências de acontecer. Então, com essa nova consciência, podemos parar de tentar possuir a vida e permitir que ela se apresente de todas as maneiras únicas e inesperadas que ela quer. Esse tipo de rendição é inacreditavelmente libertador. Se você abre mão de ter que gerenciar tudo em sua vida, então sua vida será mais bem gerenciada que nunca. Isso é abrir mão, libertar-se de tudo — e deixar que tudo se apresente para você.

> ### *Ação: Parabéns, Você Não Possui Nada!*
>
> *Sente-se por, pelo menos, meia hora com os olhos fechados e se permita pensar em todas as coisas de sua vida que você acha que possui: seus pensamentos, seu corpo, a opinião de alguém, objetos físicos ao seu redor. Permita-se sentar e observar as milhares de coisas variadas que você em algum momento acreditou possuir, mas que, na realidade, possuíram você por causa do seu apego mental a elas. Você pode tê-las, elas podem estar na sua consciência, mas elas não são você. Sério, dê a si mesmo a chance de fazer isso antes de seguir em frente.*

CAPÍTULO 15

AMOR INCONDICIONAL

Sob a ilusão do dinheiro, ou de nossa necessidade de possuir alguma coisa, ou de encontrar segurança em algo fora de nós, existe apenas amor. Quando não estamos raciocinando, planejando, consertando ou nos arrependendo de alguma coisa que fizemos, o que vem à tona é o amor. É isso que você realmente é — puro amor incondicional. O amor pode ser um termo vago que muitas pessoas associam a aprovação, ou apego, ou dependência, mas vejo o amor como o sentimento que experimentamos quando vamos além de todas as camadas do ego que enxergam algo como errado com o mundo, ou com alguém, ou com nós mesmos. Amor incondicional é o amor além das condições da mente.

Amar verdadeiramente a nós mesmos é ter uma experiência de nós mesmos além de todos os julgamentos mentais, comparações, inadequações e padrões condicionados de não merecimento que captamos do mundo. Além de quanto dinheiro você ganha, ou do que você conquistou, ou da sua aparência física, ou de quão inteligente você é, existe uma parte sua que não está condicionada e que é um reflexo perfeito do amor infinito do Universo. Esse é o objetivo deste livro. Eu não estou apenas tentando ajudar você a se tornar mais abundante — estou te olhando de fora, sabendo que você é amor universal e perfeição, e estou tentando ajudá-lo a remover as camadas que encobrem isso. Você não procura amor; você *é* amor. Você não procura abundância; você *é* abundância. Você não precisa procurar nada. Você pode recuar para a verdade do que você é e descobrir uma fonte de poder e plenitude que tem a capacidade de criar uma vida abundante e gratificante além dos seus sonhos mais loucos.

Este capítulo oferece a oportunidade de incorporar o verdadeiro e expansivo amor incondicional — primeiro por nós mesmos, depois por todos e por tudo a nossa volta. Quando estamos em uma vibração de amor, ficamos em harmonia com a força criativa da vida que constantemente nos dá mais oportunidades de nos encaixarmos naquilo que somos.

Amar verdadeiramente a nós mesmos é algo mágico. Quando você consegue se libertar da ideia de que há algo errado com você ou de que você precisa de algo para ser completo, uma coisa incrível acontece. Você encontra a verdade. Você sincroniza com o modo como a vida te vê e permite que ela derrame amor, criatividade e abundância em seu mundo. Você se torna um espaço aberto para receber todo o amor que o Universo tem a oferecer. Começa a incorporar um amor que quer que todo mundo se sinta livre. Você se torna um espaço de amor que não quer tomar posse de nada nem de ninguém, torna-se alguém que cria, ao invés de destruir, que liberta, ao invés de aprisionar, que divide, ao invés de guardar. Você se torna um portal de amor que é capaz de mover este planeta adiante. Você se torna um espaço de consciência que pode ajudar a curar o mundo, em vez de contribuir para o sofrimento.

O verdadeiro amor não controla, não retém, não possui, não julga, não conserta, não argumenta. O verdadeiro amor simplesmente *é*. Se você for para o meio da natureza e contemplá-la por algum tempo, sem interromper sua evolução olhando o celular ou o e-mail, esse amor virá à tona dentro de você. Você verá as partes de você que não são, na verdade, você — todas as partes controladoras, possessivas, reparadoras começarão a desaparecer. A essência do que você é falará mais alto. A parte expansiva, amorosa e infinita sempre estará ali. A única coisa que tem medo de ir embora é a concha falsa e egoica que causa todo o sofrimento e a separação.

Quando você deixa aquelas partes suas que tentam controlar e manipular irem embora, ninguém mais pode controlar ou manipular você. Você começa a viver em uma consciência mais elevada que escuta seu amor-próprio interior, e o que as outras pessoas fazem ou dizem não te afetam mais. Se você estiver conectado ao amor incondicional que você é, o julgamento egoico de outra pessoa nem mesmo alcançará você. Os canais são diferentes. O julgamento dos outros está em uma vibração que não pode competir com seu conhecimento poderoso e a personificação do amor.

Se você procura amor em qualquer lugar que não seja dentro de você, procura amor em outras pessoas — procura aprovação, controle, posse e apego. Você não encontrará em outra pessoa o amor do qual sente falta dentro de você. As pessoas só conseguem te amar no nível em que amam a si mesmas. Quanto mais trabalho interior você faz, mais experimenta seu amor incondicional, e não terá necessidade de obtê-lo dos outros. Uma pessoa que realmente te ame vai querer que você se sinta livre, que você tenha e aproveite o melhor da vida, mesmo que não seja com ela. O amor verdadeiro expande, liberta, desobriga e *realmente* ama. Você não precisa do amor de ninguém para ser você em toda a plenitude. Você é amor. Se você quer amor, o único lugar onde pode obtê-lo é de você mesmo, do Universo, da natureza, do íntimo. Tudo o mais que possa estar buscando é uma distração do amor que você é.

Correr atrás de dinheiro é uma distração do amor que você é. Buscar segurança é uma distração do amor que você é. Buscar aprovação é uma distração do amor que você é. Na descoberta e na personificação do amor incondicional e da plenitude dentro de você, tudo isso para de acontecer. Você não precisa que outra pessoa lhe diga que você é bonito(a) para saber disso em seu íntimo. Não precisa de um emprego ou de um negócio para validar-se. Não precisa se amoldar na imagem de sucesso que o mundo lhe ensinou para se sentir bem-sucedido. *O seu sucesso deve ser baseado somente em se você está ou não conectado ao amor incondicional que você é neste momento.* O sucesso não é uma conquista que você possa pendurar na parede; é algo que você incorpora a cada momento à medida que transcende as crenças mentais que dizem que você deveria buscar sucesso em algum outro lugar. A natureza nunca procura um momento de sucesso no futuro; ela incorpora constantemente o sucesso à medida que avança para o passo seguinte de expansão.

Em algum momento, tudo na vida voltará para o fluxo da natureza. O controle, as estruturas e a manipulação do nosso planeta são resultado de uma mente egoica desconectada que surgiu nos últimos dois mil anos. É insustentável, temporário, uma ilusão. Você não pode controlar a vida. Ela evoluirá e se transformará em algo novo. Existem inúmeras empresas que são baseadas em controlar e manipular e que acabam desmoronando. Elas não conseguem êxito no longo prazo porque não têm um fluxo alicerçado na natureza.

Você não consegue manipular o Universo. Você *consegue* manipular alguém que não esteja conectado à verdade do que ele é, mas *não consegue* manipular a verdade. Se aquilo que uma pessoa faz vai contra a expansão da vida, entrará em colapso e voltará ao equilíbrio.

Não podemos manter as coisas sempre iguais. Não podemos impedir a vida de avançar, de se mover através de nós. Se você se livrar de tudo o que você não é para abrir espaço para o que você realmente é, descobrirá que está sempre crescendo, sempre andará para a frente, sempre descobrirá novas oportunidades e possibilidades que aparecem para você no momento em que você está pronto para elas. Você começará a se mover de um modo sincrônico com a vida, ouvindo e observando sem esforço o seu próximo passo no presente e não se estressando com a incerteza do futuro. Você começará a confiar que o futuro se desdobra com perfeição para você. Você não procurará um momento futuro em que será melhor do que é agora, porque estará conectado a um amor universal que está sempre com você.

Se você quer se mover como a natureza, fique mais na natureza, fique mais em silêncio, entregue-se mais. Se quer se mover como a sociedade, que em algum momento desmoronará, fique mais tempo no celular. Assista mais à TV e procure mais aprovação das outras pessoas. Sacrifique sua conexão infinita ao que você é por um emprego que possibilite pagar as contas, mas que consuma sua alma. Ofereça a seu corpo coisas que ele não quer, para que você possa se distrair de suas emoções. Quanto mais você abre mão das coisas sociais que estão nos conduzindo ao colapso, mais você tem noção do que você é, mais descobre como é se sentir bem sem motivo. Você une forças com a natureza, em vez de lutar contra ela.

Essa é minha oferta para você. Liberte-se dessas coisas e deixe que seus bloqueios mentais desmoronem. Seu amor o alcançará. Passe mais tempo consigo mesmo e aprenda a confiar que você será cuidado uma vez que pare de querer consertar as coisas. Confie em si mesmo. Permita-se amar a si mesmo. Permita-se sentir e chorar por todas as camadas de dor que você vem segurando. Essa dor está te chamando para o amor, ela se transformará em amor. Envolva-se em sua própria aceitação e veja desaparecer a ânsia por buscar qualquer coisa externa. Você verá algo maior do que você foi até agora. Vá em direção a isso. Você é um ser humano incrível, capaz de realizar magia; não gaste seu tempo vivendo na caixa que a sociedade criou para você. Aprenda o que você é. Salte.

> ### *Ação: Tudo de que Eu Preciso É de um Espelho*
>
> *Tudo bem, pode parecer um pouco estranho no início, mas cara, é eficaz! Olhe para um espelho, olhe para si mesmo nos olhos e fique assim até experimentar uma transformação na qual você se conecte com a parte de você que não é condicionada. Faça isso até realmente sentir o amor-próprio que está sob a superfície de qualquer julgamento que você possa ter de si mesmo. Você é incrível. Você é perdão. Você é amor. Olhe para o espelho pelo tempo que for necessário para encontrar algo que o faça amar a si mesmo de um jeito novo.*

CAPÍTULO 16

POSSIBILIDADES ILIMITADAS

Acho que a esta altura você já entendeu. Você sabe, pelo menos, em algum grau, que é um ser infinitamente criativo feito de puro amor incondicional e que não precisa de nada para provar seu valor, e sabe também que o dinheiro é uma ilusão. Uma maneira de você entender tudo isso é simplesmente deixar a sociedade para trás e passar seus dias se conectando com a natureza, com a gratidão e com o amor. Isso seria bem legal. Será fantástico se você decidir fazer isso. Mas eu acho que será ainda melhor se você pegar tudo o que descobriu sobre si mesmo e sobre seu relacionamento com dinheiro e usar isso como alavanca para criar um impacto maciço neste planeta.

Se em alguma parte deste livro eu deixei a impressão de que não quero que você se torne extremamente rico, digo-lhe agora: eu quero que você se torne extremamente rico — se for isso o que você deseja. Quero que viva na sua paixão e permita que a criatividade alinhada venha através de você para que você possa criar uma quantidade incrível de abundância e influência em nossa sociedade. Quero que você se conecte consigo mesmo de modo que se liberte instantaneamente da necessidade de fazer qualquer coisa de determinada maneira, para que possa trazer sua essência única ao mundo e receber de volta o valor que você merece.

O verdadeiro poder está começando a voltar para as mãos das pessoas que estão alinhadas com a natureza e com o fluxo da vida. Essa é uma revolução que não precisa de armas, nem de tanques, nem de bombas. É uma revolução em que uma incrível quantidade de criatividade inspirada e inovação fluirá para o mundo por causa de uma profunda conexão com nós mesmos e porque somos seres de criatividade infinita. Não se trata de um lado contra o outro; é uma revolução em que todos estão convidados a tomar parte para acessar um novo nível de liberdade dentro de si mesmos e que trará mais abundância e harmonia ao todo. Não estamos lutando contra ninguém. Estamos aprendendo a amar as partes receosas de nós mesmos e a trazer nossa escuridão para a luz a fim de que seja descartada. Não é culpa de ninguém o mundo estar como está neste exato momento; é uma oportunidade perfeitamente projetada para a humanidade se elevar acima das limitações e entrar na próxima dimensão de evolução. Esta é a melhor história já criada, e nós somos os criadores.

Eu sei que todo o trabalho que você fez até agora neste livro impactará você e as pessoas ao seu redor de várias maneiras. Eu tenho um último desafio, no qual você terá a oportunidade de ir bem além de sua velha história, chegar a algo novo e consolidar essa poderosa vibração de liberdade.

Nós passamos grande parte deste processo analisando uma visão do que é possível em sua vida e identificando as coisas que mantêm você afastado dessa verdade. Esta é uma oportunidade para você tomar uma atitude definitiva, espontânea e inspirada que o ajudará a transcender suas limitações habituais e ir em direção ao que você quer criar em sua vida. Se seu coração acelerou um pouquinho ao ler estas frases, significa que sua alma quer dar um salto. Esta é sua oportunidade de aproveitar essa empolgação e agir.

A primeira parte, que é fácil, é escrever todas as coisas que você acha que ainda podem estar atrapalhando seu caminho para uma vida de total abundância, realização e liberdade. Pode ser um emprego, um relacionamento, um modo de pensar, uma crença sobre si mesmo. Seriam aquelas coisas que são "1", "2" e "3" em sua lista, aquelas coisas que você diz para si mesmo, do tipo "Não sou muito inteligente" ou "Não tenho tempo/dinheiro suficiente" ou "Não tenho os contatos certos" etc. Escreva tudo aquilo que você tem consciência de que te impede de ir em direção às suas ideias inspiradas. É a comparação com outras pessoas? O julgamento de amigos? A autocrítica? Tire um tempinho e faça uma faxina em todos as formas pelas quais você bloqueia a si mesmo de agir ou de receber possibilidades na vida.

Em seguida, escreva uma visão de como a vida poderia ser para você. Quanta liberdade você poderia ter na vida? Até que ponto você poderia se sentir bem consigo mesmo? Quanto amor você poderia trazer para o mundo? Quanta abundância poderia receber? Quantas pessoas poderia impactar, ou influenciar? Escreva o nível mais alto de possibilidades que você consegue ver para si mesmo e sinta como seria se essa fosse sua realidade.

Muito bem, agora, na segunda parte é que entra sua oportunidade de dar um salto. Um salto é algo que te força a confiar em algo maior que você mesmo. É quando você verdadeiramente abandona aquele outro lado a fim de fazer a travessia. Um salto é algo que parece assustador para a mente, porém empolgante para a alma. Então, aqui está sua oportunidade de fazer algo grandioso:

Queime a lista que você acabou de fazer.

Estou brincando. Isso não seria um salto, não muda nada e ainda há o risco de incêndio. Tudo bem, aqui vai o verdadeiro salto...

Tome uma decisão em seu íntimo de fazer algo nas próximas 24 horas que represente uma vibração totalmente diferente das coisas limitantes que você escreveu e desenvolva um novo sentimento dentro de você. Remova tudo o que lhe parecer estagnante e vá em direção à visão das possibilidades que você anotou. Prove a si mesmo que não está vivendo apenas na esteira de sua consciência limitada de ontem. Nas próximas 24 horas, vá a algum lugar dentro de si mesmo onde você nunca esteve antes e sinta como seria viver dentro de sua visão.

Ligue para o trabalho avisando que está doente, ou melhor, diga a verdade — que você passará o dia descobrindo o que você realmente é. Se eles tiverem algum problema com isso, é porque não apoiam o seu eu superior, e você não precisa deles, portanto, tire o dia de folga do mesmo jeito. Vá para a natureza. Faça um bate e volta. Crie uma ruptura em seu padrão e passe algum tempo consigo mesmo fazendo algo que faria se todas aquelas possibilidades que você escreveu para seu futuro estivessem acontecendo agora. Se você tiver filhos, leve-os com você. Passe as próximas 24 horas fazendo coisas que sejam uma total contradição aos pensamentos e circunstâncias que até agora te impediam de agir no sentido das possibilidades e de incorporar o amor que você é. Pode começar amanhã, se quiser, ou pode começar agora mesmo e tomar uma atitude maciçamente espontânea que te arranque da estagnação do passado.

Se a crença de não ter dinheiro suficiente está bloqueando suas possibilidades, tire o dia para se presentear com coisas das quais você costuma se privar por causa dessa crença. Você não precisa comprar uma Ferrari no cartão de crédito, apenas proporcione a si mesmo alguma coisa prazerosa que não costuma considerar, como um dia em um spa, ou uma massagem, ou uma bela refeição. Se surgirem sentimentos de "não ter o suficiente", apenas acolha-os no amor incondicional e na abundância que você é. Imagine que esse nível de abundância seja normal para você, sabendo que você merece isso. Ao longo do dia, preste atenção nos pensamentos elevados que surgirão como consequência dessa nova vibração.

Se a falta de tempo está bloqueando possibilidades em sua vida, dê um salto e prove para si mesmo que você sempre tem todo o tempo de que necessita. Tire as próximas 24 horas e não faça nenhuma asneira. Cancele seus compromissos, desligue o celular. Tome um banho. Observe quantas coisas que você achava que "tinha que fazer" podem esperar. Elas serão feitas, provavelmente de uma maneira ainda mais poderosa ou inspirada, assim que você tiver o espaço para enxergar uma solução maior. Ou, se você anda desmotivado e relaxado demais, comprometa-se a fazer alguma coisa nas próximas 24 horas. Lembre-se, você e Beyoncé têm exatamente o mesmo número de horas no dia — é apenas a consciência que permite que mais ou menos seja realizado durante esse tempo.

Se uma crença de não merecimento está impedindo você de agir de acordo com a inspiração, tire o dia para se conectar ao seu merecimento. Passe o dia quieto e descobrindo a prova de como você é inerentemente digno e merecedor: seu coração que bate, seus pulmões que respiram, sua consciência. Se você não fosse digno de receber amor, abundância e realização, não estaria aqui. Você é digno porque você existe. Passe um tempo consigo mesmo com isso em mente.

Sejam quais forem os pensamentos ou circunstâncias habituais que têm separado você das possibilidades que estão disponíveis na sua vida, mova-se na direção oposta. Vá em direção ao seu desejo na vida. Reescreva a história — por somente 24 horas. Essas 24 horas podem ser suficientes para mostrar a você um vislumbre do fluxo da vida que se revelará quando você não o estiver mais bloqueando. Então pode ser que você repita a experiência por outras 24 horas em um outro dia, e mais uma vez, e de novo, até que se torne seu modo habitual de ser.

Obviamente, não posso forçar você a fazer isso, e nem é esse o objetivo. O objetivo é que você tenha uma oportunidade agora mesmo de evoluir, de ultrapassar a velha história, de fazer uma escolha com base nas informações novas e animadoras que estão surgindo neste momento, em vez de nas velhas circunstâncias que são simplesmente o resultado de seu antigo nível de consciência. Você tem a oportunidade de escolher o sentimento entusiástico das possibilidades, em vez de um motivo para que elas não apareçam. Não há garantias do que pode acontecer se você seguir esse sentimento, mas uma coisa é certa: não será a mesma coisa que aconteceu ontem. Mesmo que ontem tenha sido um dia decente, você não quer ir *além*? Não quer viver de verdade? Não quer ver do que é capaz e descobrir como pode ser bom? Eu sei que eu quero.

Ação: Antes de Fazer Isso, Faça Isto

Antes de dar seu salto de 24 horas, quero que você se dê a oportunidade de alcançar a vibração das possibilidades e descobrir todas as coisas que podem dar muito certo nas próximas 24 horas. Nosso sistema nervoso reuniu de nossa mente uma quantidade insana de possibilidades de como as coisas podem dar potencialmente errado — é assim que a maioria das pessoas está acostumada a pensar. Pensamos em como podemos arruinar um encontro às cegas falando demais sobre como a banda Chicago é fantástica, ou em como arruinar uma entrevista vomitando em cima da mesa porque comemos miojo no almoço. Essas possibilidades negativas são coisas que estão dentro dos limites de sua velha história baseada em sua experiência do passado. Neste exercício, você tem a oportunidade de ir além dos limites de sua história em direção a um novo nível de possibilidades, sem a possibilidade de vomitar na mesa durante uma entrevista.

Então, escreva pelo menos cem possibilidades de coisas que poderiam ser excelentes nas próximas 24 horas. Escreva coisas que estejam bem além do que você normalmente consideraria ser possível. Pode escrever que é possível você ter, nas próximas 24 horas, uma ideia que vale um milhão de dólares. É possível que você encontre um(a) novo(a) melhor amigo(a) nas próximas 24 horas. É possível que você consiga escrever os cinco primeiros capítulos de um livro best-seller nas próximas 24 horas. Na verdade, todas essas coisas são possíveis. Se você consegue visualizar algo em sua mente, é porque existe um caminho disponível no qual a vida pode fornecer energia, informações e inspiração para fazer todas essas coisas acontecerem. Este exercício te ajudará a se abrir para essas possibilidades e aumentar a sua consciência de tal modo que, quando uma possibilidade se apresentar, você estará no canal certo para perceber e permitir que a experiência aconteça.

CAPÍTULO 17

SAINDO DO FUNDO DO POÇO

Só por ler este livro, você já fez um trabalho incrível. Quero aproveitar este momento para manifestar meu apreço por você e por sua óbvia intenção de crescer além da história de quem você era ontem. Sei que muitas das coisas que escrevi neste livro podem ter parecido difíceis de ouvir, e que pode ter havido momentos em que você quis voltar à sua confortável velha história, mas eis você aqui. Portanto, parabéns. Você já não vive na ilusão do dinheiro — quase.

Sair da ilusão do dinheiro não significa que você enriquecerá instantaneamente, ou que você agora é iluminado e não precisa mais de dinheiro. Significa apenas que verá com mais frequência lugares em que o conceito egoico de dinheiro tira você do alinhamento com o ser infinito que você é. Agora depende de você sentir plenamente esses momentos e escolher voltar para o alinhamento com sua verdade. Ler este livro foi a parte fácil. Agora você passa a viver verdadeiramente de maneira a honrar a nova consciência que surgiu em seu corpo. Se você não fizer isso, tudo bem, mas saiba que é provável que experimente mais sofrimento que antes se permanecer em um modo de ser antigo e limitado, porque agora sua consciência está ampliada (seria como tentar instalar o Windows 95 em um iPhone). Não tem como você voltar ao que era. Você tomou a pílula vermelha. Saiu do fundo do poço.

Eu adoro quando as pessoas dizem essa frase, que "saíram do fundo do poço". Sempre penso: "Muito melhor do que ficar no fundo." À medida que você faz esse trabalho de transformação em sua vida e realiza as mudanças para as quais seu coração chama, você sai da experiência rasa de ignorar suas emoções, de buscar circunstâncias externas e entorpecer-se com distrações. Quando você medita, quando se liberta das coisas pesadas, ou atende ao chamado em seu íntimo, você vai até o fundo. Existem coisas assustadoras lá no fundo, como tubarões, enguias-elétricas e golfinhos frustrados — além de emoções difíceis, raiva e desafios que fazem com que você amplie sua identidade. Lá no fundo, você encontra a si mesmo, plenamente. E apesar das coisas assustadoras que ali estão, há também coisas fantásticas, como estrelas-do-mar, tesouros submersos e o Aquaman. Sob muitas das emoções difíceis há mágoa, e sob a mágoa há tristeza, e sob a tristeza há amor. Há amor lá no fundo. Há as profundezas do oceano e toda a magia que a vida tem a oferecer.

Eu espero que você tenha em sua vida pessoas que lhe deem todo o apoio e que queiram que você cresça para o seu eu mais elevado, mas se existem pessoas em sua vida que têm medo de mudanças e que dizem coisas como "Você saiu do fundo do poço", saiba que esse é um código para "A sua expansão é assustadora para mim porque me força a encarar o fato de que não estou vivendo à altura do meu potencial. Vá em frente para que eu tenha um pretexto para também encontrar o que realmente sou".

As mudanças que você está fazendo e o chamado que está alcançando não são somente para você, de qualquer modo. Os talentos e dádivas que você tem, e as coisas que você cria, também não são para você. Existe uma quantidade infinita de fluxo que quer muito ser acolhida por você, para que possa mudar a vida das pessoas neste planeta *por seu intermédio*. Seu crescimento é para o mundo. Você está aqui para elevar a consciência do planeta. Você está aqui para a expansão do Universo.

À medida que você avança e permanece firme em seu propósito, começa a ser seu instinto de mover-se como a natureza, em vez de ficar na história estagnante. Você quer dar antes de tentar receber e se torna um espaço consistente para receber. Você se move constantemente em direção aos seus "10" e se liberta de antigos hábitos viciosos. Você está presente para as oportunidades ilimitadas deste momento conforme aprecia seu passado e o deixa para trás. Sua consciência se eleva acima dos problemas do mundo, e você se torna uma fonte de soluções reais para o futuro. Você é parte da evolução deste planeta, e toda vez que se alinhar com o chamado da sua alma, em vez de com o medo da mente, todos nós chegamos mais perto daquilo que devemos nos tornar.

Você escolhe em que vai prestar atenção. Escolhe o modo como se move, escolhe permanecer nessa energia e escutar como se sente. Este livro foi seu período de experiência na academia; agora você decidirá se fará a matrícula para frequentar a academia todos os dias. Não estou dizendo que estou tentando vender para você outra coleção de livros, como um vendedor de enciclopédias — o que estou dizendo é para você levar adiante a tarefa. Uma mudança verdadeira não acontece sem perseverança. Pode haver dias em que você não consiga ver resultados positivos óbvios, mas no longo prazo, os resultados são exponenciais. Os resultados de meditar e de estar a cada dia com suas emoções se acumulam. Os resultados de não estar mentalmente apegado ao dinheiro criam uma liberdade em que ideias inspiradas que valem milhões podem surgir. Os resultados de fazer este trabalho ecoarão no mundo para sempre — você nunca conseguirá compreender o impacto que até mesmo as menores decisões que toma tem nos outros. Lembre-se de que você é uma parte do todo, não apenas uma coisa separada e solta. Quanto mais você abandona o padrão mental de buscar, mais relaxa nesse conhecimento.

Não estamos neste planeta apenas para consumir e assistir à TV e reclamar do governo — *estamos aqui para viver de verdade*. Estamos aqui para viver no limite da nossa alma e cocriar com o Universo de um modo que transcenda nossa velha história e nos mova para uma visão mais elevada de nós mesmos. Mais cedo ou mais tarde, você descobrirá uma nova dimensão de si mesmo que é livre de limitações, de histórias, de sofrimento, da ilusão que acredita que você é algo separado.

Você é possibilidade, é fluxo infinito, e o que eu mais quero é cocriar com você. Independentemente de eu conhecê-lo pessoalmente ou não, sei que trabalhamos para o mesmo chefe. Você e eu somos colaboradores neste planeta, a serviço de ser luz para os outros e mostrar às pessoas como elas podem ser livres. Estamos a serviço de deixar o Universo fluir através de nós para que possamos juntos criar um mundo que seja seguro, amoroso, pacífico, abundante e repleto de possibilidades.

Você é incrível. Escolha isso, eu desafio você. É muito divertido, pode crer.

> ### *Ação: Leia Este Livro Inteiro Novamente*
> *Leia este livro inteiro novamente.*

Projetos corporativos e edições personalizadas
dentro da sua estratégia de negócio. Já pensou nisso?

Coordenação de Eventos
Viviane Paiva
viviane@altabooks.com.br

Assistente Comercial
Fillipe Amorim
vendas.corporativas@altabooks.com.br

A Alta Books tem criado experiências incríveis no meio corporativo. Com a crescente implementação da educação corporativa nas empresas, o livro entra como uma importante fonte de conhecimento. Com atendimento personalizado, conseguimos identificar as principais necessidades, e criar uma seleção de livros que podem ser utilizados de diversas maneiras, como por exemplo, para fortalecer relacionamento com suas equipes/ seus clientes. Você já utilizou o livro para alguma ação estratégica na sua empresa?

Entre em contato com nosso time para entender melhor as possibilidades de personalização e incentivo ao desenvolvimento pessoal e profissional.

PUBLIQUE SEU LIVRO

Publique seu livro com a Alta Books. Para mais informações envie um e-mail para: autoria@altabooks.com.br

 /altabooks   /alta-books   /altabooks /altabooks

CONHEÇA OUTROS LIVROS DA **ALTA LIFE**

Todas as imagens são meramente ilustrativas.